Alpenhotels

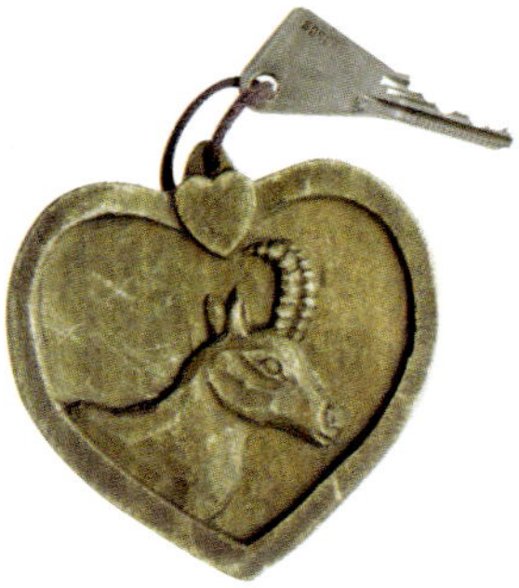

JÖRG BERTRAM
ALEXANDER HAIDEN

Alpenhotels

Die besten Urlaubsadressen
für das ganze Jahr

KNESEBECK

Inhalt

Sommer

Frühling und Herbst

Winter

Der Gipfel des guten Geschmacks

Vielleicht liegt es einfach nur an dieser Sehnsucht nach den guten alten Zeiten und der schönen heilen Welt. Oder aber an der Tatsache, dass wir all die fernen Traumziele mit den wohlklingenden Namen inzwischen bereist haben und einfach nicht mehr willens sind, für eine Woche Urlaub drei Wochen Jetlag in Kauf zu nehmen …

Die Gründe für den gegenwärtigen Run in Richtung Alpen mögen mannigfach sein und sicher auch den Launen des Lifestyle unterliegen – eindeutig ist jedoch, dass der Berg ruft und eine neue, weltgewandte Generation von Reisenden antwortet. Für sie ist die Region heute nicht mehr nur klassisches Wintersportziel, sondern eine attraktive Ganzjahres- und Wochen-

enddestination. Und für sie ist auch dieses Buch gedacht, das 29 erstklassige Hotels im ganzen Alpenraum – von Frankreich bis Slowenien und von Bayern bis Italien – präsentiert.

Die Auswahl der von uns persönlich getesteten und hier vorgestellten Alpenherbergen könnte dabei auf den ersten Blick kaum vielfältiger sein und reicht von Low Budget bis Luxus und vom altehrwürdigen Grandhotel bis zur ultramodernen Designerherberge. Was sie alle verbindet? Sie haben Stil, der sich nicht in Sternekategorien messen lässt. Sie sind außergewöhnlich. Und vor allem: Sie sind authentisch!

Natürlich versprühen sie ihren ganz besonderen Charme (von eventuellen Ruhemonaten abgesehen) das ganze Jahr über. Trotzdem haben wir bei unseren Besuchen festgestellt, dass es zu ganz bestimmten Zeiten vor Ort ganz besonders magisch zugeht: In einigen Häusern möchte man frisch verliebt ein verregnetes Herbstwochenende verbringen oder glamouröse Weihnachten feiern. In anderen sucht man eher ein paar Tage Zuflucht vor der Sommerhitze oder findet Kraft bei einem Wander- oder Wellness-Weekend im Frühling.

Deshalb haben wir dieses Buch nicht nach Ländern, sondern nach Jahreszeiten gegliedert. Das Ergebnis: lauter Lieblingsadressen für die unterschiedlichsten Launen und Wetterlagen.

Kurz und gut: Diese Hotels sind die besten Urlaubsadressen für alle, die in den Alpen vor allem eines suchen – den Gipfel des guten Geschmacks!

Sommer

Dieses Gefühl: Sommerfrische! Es zieht uns im Frühtau zu Berge und am Abend noch lange nicht ins Zimmer zurück. Das Leben findet jetzt unter freiem Himmel oder schattigen Laubdächern statt, und die Alpen verwandeln sich in den größten Abenteuerspielplatz der Welt.

Badrutt's Palace

ST. MORITZ, SCHWEIZ

Wahrer Luxus ist selten laut. Manchmal klingt er sogar nur nach raschelndem Seidenpapier – wie beim Auspacken der Koffer nach dem Urlaub im Badrutt's Palace. Denn egal ob Kniestrumpf oder Kragenstäbchen, jedes einzelne Stückchen Kleidung wird auf Wunsch vor der Abfahrt von Herrn Josef in feinstes Papier eingeschlagen und sorgsam verstaut. Das Ergebnis sind faltenfreie Anzüge im heimischen Schrank und ein heißes Sehnen in der Brust, wenn kein Butler mehr da ist, der einem morgens die gebügelte Zeitung ans Bett bringt, abends das Badewasser aufs Grad genau einlässt oder eben vor der Abreise die Oberhemden faltet.

Es ist ein Gefühl wie nach der Vertreibung aus dem Paradies – in das wir, um ganz ehrlich zu sein, eigentlich gar nicht reisen wollten, zumindest nicht zu diesem Zeitpunkt. Denn St. Moritz und das Palace Hotel hatten uns bislang nur im Winter angelockt.

Das Jetset-Dorf im Sommer zu besuchen – dazu bedurfte es einiger backofenheißer Augusttage in der Wiener Großstadthölle.

Eine menschenleere Nobelherberge im Notbetrieb hatten wir erwartet. Stattdessen stehen wir bereits vor der Hotelauffahrt im wohl vornehmsten Fahrzeugstau unseres Lebens. Edle E-Types, Aston Martins und Rolls-Royce, so weit das Auge reicht. Über Nacht sind die Teilnehmer eines elitären britischen Oldtimer-Rennens zu Gast gewesen. Jetzt macht man sich auf zur nächsten Tagesetappe. Dass solche Events im Engadiner Bergsommer nicht selten sind, erfahren wir wenig später aus der aktuellen Ausgabe des hauseigenen Hotelmagazins: Allein für die nächsten paar Tage verspricht uns die *Tower Revue* eine Gourmet-Safari, zwei Symphoniekonzerte sowie diverse Segelbootrennen auf dem St. Moritzersee.

Teilnehmen oder doch lieber nur tagträumen? Wofür man sich auch entscheidet, Hauptsache, man schafft es täglich um fünf zur *teatime* in die Grand Hall des Hotels. Seit der Eröffnung des Palace im Jahr 1896 ist dieses Ereignis ein absolutes *must* für »tout Moritz«. Das damit verbundene Prozedere unterscheidet sich während der promifreien Sommermonate übrigens kaum von dem im Winter: Wer in wessen Begleitung erscheint, wo Platz nimmt, wem einen Luftkuss zuhaucht und wen ganz offensichtlich nicht wahrnehmen will, ist eine spannende Gesellschaftskomödie, die auch ohne High Snowciety auskommt. In der warmen Jahreszeit trägt man statt Skistiefeln und Pelzhauben eben Wanderschuhe und Sonnenkäppi. Ansonsten weiß der Gast jedoch genauso gut, dass er wenigstens ein paar Schlückchen Schwarztee lang zu den Auserwählten gehört, und mit derselben Nonchalance gibt er sich den livrierten Kellnern, köst-

lichen Kuchen und dem grandiosen Talausblick hin. Einige der Sofas und Sessel, die in der Grand Hall herumstehen, stammen von Gästen, die Anfang des 20. Jahrhunderts noch mit eigenen Möbeln gereist sind und diese am Urlaubsende einfach zurückgelassen haben. Andere Sitzgelegenheiten aus zahlreichen Stilepochen wurden im Laufe der Jahre dazugekauft und mit verschiedenen Stoffen in den seltsamsten Mustern überzogen. Was all die guten Stücke miteinander verbindet, sind die vielen magischen Momente, die sie in ihrem Hoteldasein schon erleben durften: Könige haben auf ihnen Hof gehalten, Hollywood-Stars hinter ihren hohen Lehnen Privatsphäre gesucht und mittellose Schönheiten, lasziv in die Kissen versunken, nach dem millionenschweren Mann fürs Leben Ausschau gehalten – und ihn manchmal auch gefunden.

322 Sonnentage zählt St. Moritz offiziell – einer davon präsentiert sich uns gleich nach dem Aufstehen am ersten Urlaubsmorgen. Auf der großen Palace-Terrasse duftet es nach Frühstück, frischer Bergluft und großer, weiter Welt. Um uns herum italienische Großfamilien, die mit Nanny und Nonna vor der Hitze Mailands oder Roms geflohen sind, englische Lords und Ladys, die ihre Butter-Toasts im Sommer schon seit Jahrzehnten vor der Engadiner Bergkulisse genießen, und eine bunt gemischte Gästeschar, die man so nur in Hotels wie diesem antrifft – *a little crazy and very sophisticated*.

Tagsüber vergnügt sich der Gast beim Walking rund um den See oder Shopping entlang der Via Serlas und der Via Maistra. Bei Gucci, Prada & Co. hängen »Summer Sale«-Schilder sowie sensationelle Schnäppchen im Schaufenster, und folglich beginnen wir unseren ersten Urlaubstag mit einem Stadtbummel. Wobei der Begriff »Stadt« im Hochsommer reichlich

übertrieben ist. Gerade einmal 6000 Bewohner und Gäste zählt St. Moritz samt den umliegenden Gemeinden zu dieser Zeit. Zwischen Weihnachten und Neujahr sowie im Februar sind es rund 100 000. Das Gute an der Menschenleere: Noch nie wurde man so freundlich bedient, und auch die legendäre Nusstorte in der Confiserie Hanselmann ist endlich einmal nicht ausverkauft.

Abends dann, wenn hinter den Bergen das letzte Flämmchen Tageslicht verglüht, erstrahlt über dem St. Moritzersee die hell erleuchtete Fassade des Badrutt's Palace. »Ich finde, dieses unglaubliche Haus ist in Wahrheit ein in den Alpen gestrandetes riesiges Boot. Der See vor dem Hotel ist vermutlich noch eine letzte Pfütze der unglaublichen Welle, die es hierhergespült hat«, sagte Hubertus von Hohenlohe, Stammgast, Sohn und Selbstdarsteller, einmal über sein Lieblingshotel. Und wenn man sich das Haus in den Abendstunden vom Ufer aus ansieht, muss man ihm recht geben. Wie ein riesiger Ozeanliner thront das Palace über dem Ort, stellt alle anderen Gebäude in den Schatten und weiß seinen in die Jahre gekommenen Charme glänzend zu präsentieren. Drinnen, hinter den zugezogenen Vorhängen der 135 Zimmer und 30 Suiten, sind die Gäste wohl gerade damit beschäftigt, sich dinnerfertig zu machen. Die Damen werden sich in elegante Kostüme oder Cocktailkleidchen werfen und die Herren auf jeden Fall Anzug plus Krawatte wählen. Im turnhallengroßen Hauptrestaurant ist diese Garderobe Pflicht. Wer's legerer mag, kann in der nahegelegenen Chesa Veglia speisen, einem über 400 Jahre alten Bauernhaus, das drei weitere Hotelrestaurants sowie zwei Bars

beherbergt. Vor allem während der Wintermonate gilt die Chesa Veglia als Hotspot für all jene, die lieber auf Karotischdecken als unter Kristalllüstern speisen.

Der nächste Morgen: Vorbei an kleinen Schaufenstern, die wie Bullaugen aussehen, irrt man durch nicht enden wollende Gänge in Richtung Hotelpool. Hier unten, im Bauch des Hauses, wird das Hohenlohe'sche Bild vom altgedienten Hochseedampfer erneut sehr lebendig. Jeder Winkel verweist auf mehr als 110 Jahre Geschichte, auf stürmische Zeiten und glanzvolle Begebenheiten. Und während man wenig später seine Bahnen zieht und dabei immer wieder über den als Mosaik in den Pool eingelassenen Hotelturm gleitet, fällt einem Alessandro Bariccos Geschichte von *Novecento*, dem Ozeanpianisten, ein. Der liebte sein Schiff nämlich so sehr, dass er es zeit seines Lebens nicht verlassen wollte. Ähnlich geht es dem lustlos Angereisten jetzt im sommerlichen Palace – jenem Haus, in dem wahrer Luxus wie raschelndes Seidenpapier klingt …

Castell

ZUOZ, SCHWEIZ

Wohnen wie im Museum? Das klingt zunächst einmal ziemlich antiquiert und unentspannt. Dass es auch anders geht, beweist das Castell in Zuoz. Hinter dessen ehrwürdiger Fassade verbirgt sich nämlich nicht nur eines der ungewöhnlichsten Hotels der Schweiz, sondern auch eine der beachtlichsten Kunstsammlungen des Landes. Ob im Spielsalon oder Speisesaal, auf der Terrasse oder im Treppenhaus: Überall hängt, steht, liegt und leuchtet Zeitgenössisches von Meisterhand.
Zu verdanken sind diese Kunstschätze dem Eigentümertrio Ruedi Bechtler, selbst Künstler und Kurator, sowie Manuela und Iwan Wirth, einem erfolgreichen Galeristenpaar aus Zürich. 1996 haben sie das damalige »Heidihotel« gekauft und in jahrelanger Renovierungsarbeit zu einer Hip-Herberge umgestaltet.
Ihre wichtigsten Inspirationsquellen während der Umbauphase waren die bewegte Historie des Hauses, die extravaganten Entwürfe des Amsterdamer Stararchitektenbüros UN Studio und natürlich die Künstler aus der ganzen Welt, mit denen die Hotelbesitzer in Kontakt sind. Aus diesen verschiedenen Einflüssen entstand schließlich jener Mix aus Tradition und Moderne, aus Golden Twenties und *contemporary art and design*, für den das Castell heute bekannt ist.

FREEZING
HERE

Nehmen wir zum Beispiel die große Terrasse hinter dem Haus: Einst diente sie Stammgästen wie Stefan Zweig oder Lord Templewood als Ausguck auf die gegenüberliegende Bergwelt und die darunter befindliche Eisfläche, auf der tagtäglich ein Orchester spielte und nur die allerbesten Eiskunstläuferinnen ihre Pirouetten drehten. Die Aussicht ist geblieben, die Aussichtsplattform nicht. Stattdessen hat man sich für eine tollkühne Terrassenkonstruktion des Künstlers Tadashi Kawamata entschieden. Aus Hunderten gebrauchten Hölzern hat er ein filigran anmutendes Open-Air-Objekt erschaffen – eine radikale Mischung aus Mega-Mikado und eingestürztem Baugerüst und zugleich die zeitgemäße Antwort auf den Retrolook anderer geschichtsträchtiger Bergherbergen. Über einen schmalen Holzsteg erreicht man ein weiteres Werk des Japaners: sein Felsenbad, das aus einem großen hölzernen Plateau und einer winzig kleinen Sauna unter freiem Himmel besteht.
Vor dem Schwitzhaus hat Kawamata ein flaches Wasserbecken errichtet, in dem sich die umliegenden Felsen und Wälder spiegeln – ein guter Ort, um innezuhalten und auszuruhen.
Eine ähnliche Grenzüberschreitung zwischen Kunst und Funktionalität gelingt der »Roten Bar« von Pipilotti Rist im Hotelgebäude. Die neonglänzende, monochrome Installation mit den Flaschenregalen, in denen die weltberühmte Künstlerin Videoprojektionen versteckt hat, ist zugleich eine voll funktionsfähige »Trinkhalle« – der Treff zur blauen Stunde und die perfekte Ergänzung zum angrenzenden Kaminzimmer mit seiner schweren Holzdecke, den gemütlichen Clubsesseln und dunklen Böden.
Martinitrinken in museumswürdigem Ambiente – dieses Konzept zieht seit der Wiedereröffnung des Castell ein erstaunlich vielschichtiges Publikum an: Familien, Singles, Paare, überraschend jung, sehr international und ebenso kultur- wie sportinteressiert.
Im Winter kommen sie wegen des keine zwanzig Kilometer entfernten Ski- und Schickeriadorfes St. Moritz, wo sie zwar gerne abfahren, aber niemals absteigen würden. Im Sommer locken der nahe Golfplatz, der neun Kilometer lange Rollerbladeparcours und die Wanderwege im angrenzenden einzigen Nationalpark der Schweiz.
Und das ganze Jahr über laden die »Art Weekends« und »Collector's Days«, auf denen führende Künstler und Galeristen ihre Werke zeigen und ihr Wissen vermitteln, zu einem Besuch ein. Während dieser Veranstaltungen macht die Kunst nicht einmal vor den Zimmertüren Halt, und Schlafgemächer können sich schon mal in temporäre Showrooms verwandeln.

Doch genießen kann man im Castell nicht nur Kunst, sondern auch Kulinarik: »Freestyle-Cooking« nennt Küchenchef Thomas Schwab sein von zwei Hauben gekröntes Kreativkonzept, das nur wenig ausschließt und den Crossover zwischen Asia- und Alpenküche wagt. Da wählt der Gast zum Beispiel zwischen Gänselebervariation mit grilliertem Butterzopf oder Sashimi vom Soja-Lachs mit süß-saurem Stangensellerie und Tomatengranité zur Vorspeise und wundert sich dann beim Hauptgang, wie vorzüglich Wokgemüse zu curryverfeinerten Kartoffelknödeln und Rinderfilet Szetschuan passt. Oder aber er scheut jede Form von Experiment und bestellt einfach nur Sushi oder Schnitzel.

Grandiose Landschaft, großartige Kunst, gutes Essen – fehlt eigentlich nur noch ein gelungenes Wellnessangebot zum märchenhaften Glück. Und auch dafür ist hinter den dicken Mauern des Castell gesorgt: »Hamam« heißt das Zauberwort, das hier für eine eigene Badewelt steht, wie man sie so kein zweites Mal im gesamten Alpenraum findet. Wer sie betritt, sollte viel Zeit mitbringen, denn ein einziger Durchgang dauert mindestens neunzig Minuten. In dieser Zeit arbeitet man sich, nur in ein Lendentuch gewickelt und mit einer Art Plan ausgestattet, durch ein bisazzagefliestes und in warmes Schummerlicht getauchtes Labyrinth. Goldbäder, schneckenförmige Reinigungskammern, nach Eukalyptus und Bergkräutern duftende Dampfbäder und beheizte Steine, auf denen man sich ausstrecken und ausruhen kann, sorgen für absolutes Wohlbefinden. Höhepunkt des Hamam-Rituals ist jedoch der Besuch beim Tellak, dem traditionellen Masseur, der selbst noch das letzte abgestorbene Hautschüppchen hinterm Ohr entdeckt und den babyglatt gepeelten Körper abschließend in cremigen Seifenschaum hüllt. Die ausgefeiltesten Kniffe und Knettechniken erlernen die Schweizer Castell-Tellaks übrigens nicht an irgendeiner heimischen Wellness-Akademie, sondern direkt in der Welthauptstadt des Hamams – in Istanbul.

Frisch gereinigt und von sämtlichen Schlacken befreit, gönnt sich der Gast nach dem Besuch in der orientalischen Badewelt ein Tässchen vom bereitstehenden Mondphasentee und zieht sich dann zur Nachtruhe in sein Privatgemach zurück.

Von haremsgleicher Opulenz und Sinnlichkeit ist in den insgesamt 66 Zimmern allerdings nichts zu spüren. Egal ob Standard-, Medium-, Superior-, Familienzimmer oder Junior-Suite: Alles erstrahlt in Weiß, ist edel, absolut konsequent und bis ins Letzte durchdacht designt. Hier der Flachbildschirm, da das Bett und der ein oder andere Designklassiker – diese Art von Zimmer beeindruckt, wenn man zum ersten Mal die Tür aufsperrt und die Leere des Raumes genießt. Sobald man aber anfängt, darin zu wohnen, erscheint plötzlich jedes nicht gleich verräumte Paar Socken wie ein Schandfleck.

Doch wer beschäftigt sich schon länger als nötig mit herumliegenden Kleidungsstücken, wenn keine fünf Schritte entfernt vor der Zimmertür ein echter Kippenberger an der Wand hängt? Und seien wir doch mal ehrlich: Ein klein wenig Unzulänglichkeit darf bei einem so großartigen Gesamtkunstwerk wie dem Castell schon sein. Ansonsten wäre das »Wohnen wie im Museum« doch ziemlich antiquiert und unentspannt …

20, 21

Cube

SAVOGNIN, SCHWEIZ

Großer Wurf oder grässlicher Würfel? Zwei Jahre ist es jetzt her, seit in Savognin das erste Cube-Hotel der Schweiz eröffnet wurde, und noch immer ist man sich im Dorf nicht ganz sicher, was von dem gläsernen Kasten da unten am Fluss zu halten ist. Nicht, dass man etwas gegen moderne Architektur hätte – aber so ganz ohne Dach, Balkone aus Holz und Geranien vor den Fenstern … Und erst die Gäste: viel zu jung und viel zu aktiv – gerade im Sommer, wo sich bislang nur die Senioren am Wandern erfreuten. Statt auf Schusters Rappen die Berge zu erklimmen, rasen die Cube-Youngster nämlich lieber auf Liegedreirädern oder bergtauglichen Monsterrollern talwärts. Dafür wurden sogar eigene Wege angelegt und die Sessellifte so umgebaut, dass sie all das neue Sportgerät huckepack nehmen können. Ob das wirklich die Zukunft des Graubündner Bergtourismus ist?

An einem späten Freitagnachmittag im August verweilen wir in der feuerroten Sofalandschaft im Eingangsbereich des Hotels. Über uns flimmert ein XL-Plasmabildschirm, auf dem die besten Bilder der vergangenen Cube-Woche zu sehen sind: Mittzwanziger und Jungfamilien aus den Trendmetropolen Europas beim morgendlichen Funsporteln und abendlichen Abtanzen, bei der Grillparty auf der Terrasse und während der Kinonacht mit Eimern voller Popcorn. Bevor es das Cube gab, hätte sich kein einziger von ihnen außerhalb der Ski- und Snowboardsaison

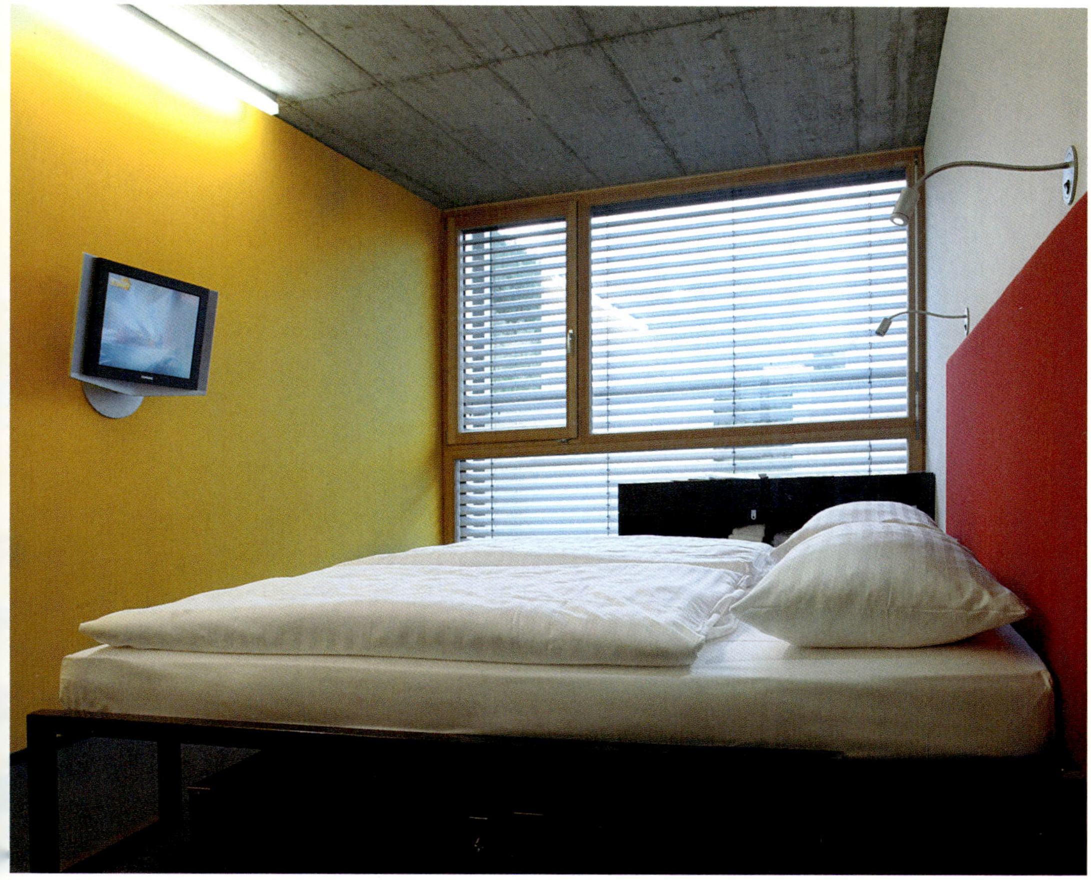

nach Savognin verirrt. Dass sie jetzt plötzlich alle hierherkommen und die Region aus ihrem Sommerschlaf wecken, liegt also an diesem Haus, über das der *Spiegel* einmal schrieb: »Das Cube-Hotel passt mit seinem Design in den Ort wie Captain Cirk in die Zirbenstube.«

Doch selbst die schärfsten Kritiker müssen inzwischen kleinlaut zugeben, dass das Konzept des Cube das Lebens- und Urlaubsgefühl der jungen Generation trifft: Frühstück gibt es bis 15 Uhr, zu Abend speist man, falls gewünscht, im trendigen Selbstbedienungsrestaurant (auch »Eat-Area« genannt), und Drinks bekommt man rund um die Uhr an der Lobby-Bar. Außerdem gibt es Chill-out-Lounges mit Playstations, Großleinwände mit Nonstop-MTV-Berieselung und einen Nachtclub, der selbst an der Adria oder auf Spaniens Partyinseln noch für Furore sorgen könnte. Das alles klingt sowohl nach Jugend- als auch Designerherberge. Doch in welcher Jugendherberge lässt es sich schon so gepflegt vor offenen Kaminen rumlümmeln oder in einem 250 Quadratmeter großen Wellnessbereich entspannen? Und welches durchgestylte Designerhaus würde seinen Gästen schrankfreie Mehrbettzimmer zumuten, in denen man sein gesamtes Hab und Gut in verschließbaren Holzboxen verstaut? Aber dieses Zugeständnis an größere Gruppen und Schulklassen musste sein. Wer es luxuriöser mag, bucht eben ein klassisches Doppelzimmer oder eine der beiden Suiten mit Paardusche und vielen gefälligen Details, die man selbst in manchen Viersternehotels vermisst. Ein günstiger Preis und geniale Planung müssen sich nämlich nicht zwangsläufig ausschließen – diese Erfahrung kann man im Cube allerorten machen. Nehmen wir zum Beispiel die sogenannten Showrooms, gläserne, dem eigentlichen Zimmer vorgelagerte Räume mit speziellen

Heiz- und Aufhängevorrichtungen, in denen das eigene Sportgerät sachgerecht, diebstahlsicher und in Reichweite aufbewahrt wird. Die lästige Rennerei in einen nach Fußschweiß stinkenden Skikeller im Winter entfällt damit ebenso wie die bange allabendliche Frage im Sommer, ob das mitgebrachte Golfbag oder Fahrrad am nächsten Morgen wohl noch im Abstellraum steht. Transportiert werden die Bikes und Boards über *getaways*, betongraue Rampen, die – Verbot hin oder her – auch schon mal als Inlineskatepiste herhalten müssen.

Das kühn konzipierte Äußere des Cube präsentiert sich mindestens ebenso revolutionär wie das loftartige Interieur. Um Kosten und Energie zu sparen, wurde dem gesamten viergeschossigen Kasten eine Hülle aus fleckenartig angeordneten Milchglasscheiben vorgehängt. Wer vom Inneren des Gebäudes hinausblickt, nimmt die Landschaft daher nur in Ausschnitten wahr. Wer weit genug draußen steht, wundert sich, wie wenig dieser halbtransparente Mega-Eiswürfel überhaupt auffällt, weil er dem Winterweiß oder Bergsommergrün keine Farbe entgegensetzt und deshalb nahezu unsichtbar ist. Lediglich an sternenklaren Sommerabenden, wenn die Fassade kunterbunt im Glanz der Außenscheinwerfer erstrahlt, zieht das Cube die Aufmerksamkeit auf sich – und wirkt dabei wie ein UFO, das am Rand dieses

Graubündner Bergbauernnests notlanden musste … Doch statt auf die erwarteten Außerirdischen trifft man dann an der Bar auf überraschend viele Einheimische, die es hier »gar nöd so schlecht« finden und inzwischen Frieden mit den jungen Wilden aus dem Würfel geschlossen haben. Nur über die Sache mit dem fehlenden Dach, den nicht vorhandenen Holzbalkonen und den Geranien vor den Fenstern sollte man ein, zwei Bier später noch einmal miteinander reden …

Haus Hirt

BAD GASTEIN, ÖSTERREICH

Freiwillig aufstehen? Um sieben in der Früh? Zu Hause völlig unvorstellbar! Im Haus Hirt aber bereits eine Stunde vor der vereinbarten Zeit kein Problem. Und das, obwohl der Vortag nicht nur ziemlich aufregend, sondern auch verdammt anstrengend war: Morgens am Bach einen Staudamm bauen, danach im Stall die Hasen jagen, nachmittags den ersten Sprung ins hoteleigene Schwimmbecken wagen und zum Abendessen den weltgrößten Teller Piraten-Pasta verdrücken – ein Tag hier oben ist wie eine Woche Kindergarten. Mindestens! Und heute steht ein Bergfrühstück auf dem Programm. Auf einer richtigen Alm, die nur mit der Zahnradbahn erreichbar ist und die mit allerlei Getier sowie einem Senner aufwarten kann, der (»fest versprochen!«) wie der Großvater auf der Heidi-DVD aussieht. Kein Wunder also, dass Oscar (fast vier) und Otto (frisch zwei) schon um sechs mit gepackten Mini-Rucksäcken bereitstehen.

Für die beiden ist so ein Urlaub das Paradies, und auch die Eltern, Jenny und Ralf, fühlen sich im Haus Hirt wie im Himmel. Denn dieses Hotel ist ausgesprochen kinder- und familienfreundlich. Es ist aber dennoch kein ausgesprochenes Kinder- und Familienhotel. Hier kommen nämlich, obwohl die Bugaboo-Kinderwägen in zweiter Reihe vor dem Haupteingang parken und bestimmte Schwimmbadzeiten zum reinen Rumplanschen reserviert sind, auch Erwachsene (mit und genauso häufig ohne Anhang) voll auf ihre Kosten. Vorausgesetzt, sie erhoffen sich vom Haus Hirt nicht jene atemraubend morbide Atmosphäre, wie sie ein paar Hundert Meter weiter im Rest von Bad Gastein anzutreffen ist.

Kaum ein anderer Ort in den Alpen hat sich dem bereits seit Jahrzehnten fortschreitenden Untergang so selbstverliebt geweiht wie diese einstige Ferienresidenz der österreichischen Kaiser, Komponisten, Dichter und Denker.

Davon ist im Haus Hirt jedoch nichts zu spüren. Im Gegenteil: Dieses Hotel strahlt nur so vor neuem Glanz und sommerfrischer Lebensfreude. Drei Seiten füllt allein das Programm für eine ganz gewöhnliche Augustwoche – angefangen beim allmorgendlichen Yoga-Sonnengruß über das bereits erwähnte Bergfrühstück, diverse Mountainbiketouren sowie Schnupperfahrten in den nahen Heilstollen bis hin zum Goldwaschen am Bach oder Brotbacken mit der Hüttenwirtin.

Wem das zu sehr nach Anstrengung klingt, entspannt stattdessen im Hotel-Spa mit seinem traumhaft schönen Panoramasonnendeck, Pilates-Trainer, erstklassigen Aveda-Treatments und herrlich altmodischen Radon-Badestuben, die sich aus der hauseigenen Quelle speisen. Oder aber er genießt einfach nur die ganz besondere Atmosphäre dieses Hauses, das 1924 erbaut wurde und einst so illustre Gäste wie Stefan Zweig, Thomas Mann und William Somerset Maugham beherbergte. Heute wird es von Evelyn und Ike Ikrath geführt.

Mit viel Engagement und jeder Menge unkonventioneller Ideen haben die Hotelierstochter und der Architekt eine Gegenwelt zur gängigen Gasteiner Herbergs-Tristesse erschaffen: Hier hängt das Hirschgeweih eben nicht in der Zirbenstube, sondern an bonbonrosa gestrichenen Wänden, und statt der Bar im Bauernstuben-Stil gibt es eine Cocktail-Lounge mit knautschigen Ledersesseln, jazzklimperndem Pianomann und lodenbezogenen Ohrenfauteuils.

Ebenso anders, aber genauso entspannt, geht es auch im angrenzenden Speisesaal zu: Die klassische Vollpension hat hier längst ausgedient. Stattdessen werden ein langes Frühstück sowie ein Dinnermenü und ein vorgezogenes Kinderessen am früheren Abend serviert. Dazwischen bedient man sich selbst an einem kleinen Buffet mit exzellenten Antipasti, Pastagerichten, Salaten, kalten Platten und Kuchen. Oder man lässt sich von den »Service-Elfen« (so werden sie auf der Homepage des Hauses genannt)

einen Rucksack für Wander- und Entdeckungstouren packen. Und selbst an so unverrückbaren Dingen wie der Sitzordnung hat man erfolgreich gerüttelt. An einigen Tagen im Jahr lassen die Hausherren nämlich sämtliche Tische zu einer langen Tafel zusammenstellen und laden all ihre Gäste zu einem Festmahl mit Familiencharakter ein …

Ideen, so ganz nach dem Geschmack der vorwiegend jüngeren Klientel – und außerdem eine wunderbare Alternative zu all den Seniorenteller anpreisenden Restaurants im Dorf.

Womit wir erneut beim einzigen Wermutstropfen dieser Geschichte wären: Bad Gastein, der »Großstadt ohne Stadt in tausend Metern Seehöhe«. Vom Haus Hirt sind es nur ein paar Gehminuten hinüber bis in den Ortskern, den ein mächtiger Wasserfall in zwei Hälften teilt. Und doch liegen Welten dazwischen. Denn während hier, am einen Ende der Kaiserpromenade, längst ein zukunftsweisender Weg beschritten wird, ist man am anderen Ende, im Dorf, in die Sackgasse geraten.

Bis heute schwelgt Bad Gastein in den Erinnerungen an die guten alten Zeiten, die allerdings nur bis zum Ende der 1950er Jahre wirklich gut waren. Danach ging es bergab mit dem Dorf am Hang, seinen steil in die Felsen gebauten Sommervillen und den bis zu zwölf Stockwerke hohen Grandhotels aus der Zeit der Belle Époque. Zunächst blieben die großen Familienclans mit den klangvollen Namen aus, dann auch die neureichen Nachfolger. Wenig später ließ sich der Mittelstand vom schönen Schein der Prachtfassaden blenden – bis auch er die Schattenseiten der inzwischen viel zu groß gewordenen und in die Jahre gekommenen Nobelherbergen entdeckte und für viel weniger Geld zu viel weiter entfernten Zielen aufzubrechen begann.

Und dann kamen – als sei das nicht schon Schicksalsschlag genug – auch noch die 1970er Jahre mit all den Bausünden und Fehlplanungen, von denen sich Bad Gastein bis heute nicht erholt hat: Am Wasserfall errichtete man das flunderflache Kongresszentrum, ehrwürdige Traditionsherbergen wurden in einfache Apartmenthäuser umgewandelt, und der Glaube an die Finanzkraft des deutschen und österreichischen Krankenkassenwesens führte zu waghalsigen Investitionen in unsinnlich-spießige Kureinrichtungen, für

deren Benutzung heute kaum jemand einen Cent aus der eigenen Tasche bezahlen möchte.

Und so flaniert man im Sommer durch diese Stadt, die beinah eine Geisterstadt ist, betrachtet fassungslos die langsam vor sich hin bröckelnden Fassaden und kann dabei die Opulenz und architektonische Fertigkeit, die sich einst dahinter verborgen haben mag, nur noch erahnen.
Ob so viel fahrlässiger Verfall noch zu stoppen ist? Glaubt man Ike Ikrath, dann heißt die Antwort auch jetzt, um fünf vor zwölf, noch uneingeschränkt »Ja!«. Seit ein paar Jahren engagiert sich der Hotelbesitzer in dem von ihm mitbegründeten »projekt.badgastein«, organisiert Hearings und Workshops, plant Festivals und sonstige Veranstaltungen, die endlich wieder neues Leben in die alte Ferienresidenz bringen sollen.

Und wenn man Oscar und Otto so früh am Morgen so aufgeregt einem weiteren Bergsommertag entgegenfiebern sieht, dann kann man sicher sein, dass es Ike und seiner Frau Evelyn, den beiden Hoteliers und selbsternannten »Hütern des verlorenen Schatzes«, gelingen wird, diese ganz besondere Bad Gasteiner Atmosphäre über die Grenzen ihres Hotels hinweg am Leben zu halten.

Hiša Franko

KOBARID, SLOWENIEN

■ Ja, wir gestehen: Dieses Hotel hätte es beinah nicht in dieses Buch geschafft. Oder wie hätten Sie reagiert, wenn Ihnen die eine Hotelbesitzerin die andere in den allerwärmsten Worten empfiehlt und sich dann im weiteren Gespräch herausstellt, dass die eine und die andere Mutter und Tochter sind? Nun, genau das haben wir uns auch gedacht. Weil wir aber trotzdem nett sein wollten und außerdem großen Hunger hatten, sind wir doch vom Nebesa (siehe Seite 78) die knappe halbe Stunde hinunter ins Tal gefahren, um an einem Abend im Gasthaus von Katja Roš' Tochter zu speisen.

Und wir sind ein paar Wochen später wiedergekommen! Wegen des Essens. Wegen der Zimmer. Wegen der Atmosphäre. Und wegen Ana, Katjas Tochter, die noch vor ein paar Jahren bestenfalls Spiegeleier braten konnte und heute als beste Köchin Sloweniens gilt. Zusammen mit ihrem Mann Valter hat die ehemalige TV-Journalistin und verhinderte Diplomatin das traditionsreiche Hotel Hiša Franko, einst im Besitz ihrer Schwiegereltern, auf den Kopf gestellt. Von der Menükarte bis zur Möblierung wurde dabei so ziemlich alles verändert, was irgendwie zu verändern war. Lediglich das schreiend bunte und seltsam postsozialistisch anmutende Hinweisschild unten auf dem Parkplatz bei der Landstraße erinnert noch daran, dass sich an dieser Stelle einst ein einfaches Restaurant mit angegliederter Zimmervermietung befand. Erbaut für Einheimische, die hier ihre Feste feierten, und Durchreisende, die gut und günstig übernachten wollten. Jahrzehntelang ging das so, bis Ana eines Tages Valter kennenlernte und sich in den Gastronomen-Sohn, der gerade dabei war, den Familienbetrieb zu übernehmen, verliebte.

Also lernte Ana Kochen. Und das nicht nur möglichst schnell, sondern auch möglichst gut – und möglichst anders. Vieles hat sie sich damals selbst beigebracht, einiges noch von der alten Küchenmannschaft im Hiša Franko abgeschaut. Den Rest lernte sie auf ihren vielen Reisen: »Wann immer ich von einem neuen, interessanten Restaurant in Europa gehört hatte, bin ich hingefahren, um es anzuschauen und auszuprobieren«, erzählt Ana und fügt hinzu, dass sie auch heute noch gerne Kurztrips zur Konkurrenz unternimmt, um sich von anderen Köchen anregen zu lassen.

Schnell stand für Ana fest, dass ihre Küche sich nach dem regionalen und saisonalen Angebot richten sollte: Fleisch, Butter, Milchprodukte, Getreide und Käse liefern die Bauern aus dem heimischen Soča-Tal, das Wild stammt aus den umliegenden Bergwäldern, Kräuter, Salate und Gemüse wachsen das ganze Jahr über im eigenen Garten, und Fisch sowie sonstiges Meeresgetier wird jeden Morgen frisch vom Kutter an der nur eine Autostunde entfernten Adria gekauft. Aus all diesen Zutaten entstehen dann so köstliche, kreative Menüs wie jenes, das wir an einem heißen Vorsommerabend auf der Terrasse genießen konnten:

Spargel mit Grapefruit-Mayonnaise als »Gruß aus der Küche«, dann als Vorspeise Hirschtatar mit Brotchips, Sardellen und marinierten Apfelstückchen, gefolgt von ricottagefüllten Zucchiniblüten mit schwarzer Olivenpaste. Als Zwischengang rosa Gnocchi mit Forellenkaviar sowie Pasta mit Oktopus und Anis und nach einem Beeren-Kräuter-Sorbet der Hauptgang: Schweinerippchen mit Kartoffelpüree und Pflaumen-Erdnuss-Sauce.

Wie vieler Wochen des Ausprobierens und Verfeinerns es bedurfte, bis diese einzigartigen Gerichte erstmals auf der Karte standen, wissen Ana und Valter heute nicht mehr. An die Reaktion ihrer ersten Besucher erinnern sich die beiden aber noch ganz genau: Sowohl die alten Stammgäste als auch die zufällig vorbeigekommenen Tagestouristen waren entsetzt. »Manchmal haben wir es nicht einmal geschafft, ihnen Brot und Wasser an den Tisch zu bringen. Ein Blick in die Karte – und schon saßen sie wieder in ihrem Auto.«

Aber schließlich gab es auch überschwängliches Lob für die neue Köchin im alten Gasthaus: Zunächst wurde Ana von der slowenischen und italienischen Presse als kochlöffelschwingender Shootingstar gefeiert. Dann kamen die Feinschmecker – zumeist Norditaliener aus den großen Städten oder Österreicher auf Genusstour unterwegs in den Süden. Und weil sich solch eine zahlungskräftige und anspruchsvolle Klientel nach sieben exzellenten Gängen samt passender Weinbegleitung nach einem stilvollen Nachtquartier sehnt, haben Ana und Valter auch die Gästezimmer neu gestaltet.

Auf zwei über dem Restaurantbereich befindlichen Etagen ließen sie Wände einreißen und alte Bäder entfernen, neue Fenster einfügen und graue Flure in knalligen Farben ausmalen. Für das Interieur der insgesamt zehn Zimmer zeichnet die in Slowenien bekannte Modedesignerin Almira Sadar verantwortlich. Ihre Hauptmotive für das Hiša Franko waren jeweils eine Blätter-, Gräser- oder Blumenart in jedem Raum, die sich in Form von Wandmalereien, Stoffdrucken, floralen Arrangements oder Kunstobjekten mehrfach wiederholt. Dazu kommen häufig transparente Himmelbettvorhänge und in den Schlafbereich integrierte Bäder aus dunklem Naturstein. Die zwei größten Zimmer des Hauses verfügen außerdem über ein gemeinsames »offenes Wohnzimmer« mit Hängematte, beleuchteten Designerstühlen und Liegen unterm Dach. Zur Errichtung dieses luftigen Sommersalons wurden auf einer Seite des alten Hauses die Giebelwand sowie die beiden seitlichen Knickstöcke entfernt. So entstand eine Art Veranda im Dachgebälk – halb zur Natur und halb zum Haus gehörig. Der Blick von dort oben reicht über Weiden, Alleen und Bauernhäuser hinauf in tiefdunkelgrün bewaldete Berge und hinunter in Richtung Talausgang und Italien – noch aussichtsreicher lässt es sich kaum relaxen …

Doch bei aller Liebe zum süßen Nichtstun und zum sündigen Genießen: Die Landschaft ist zu schön (und das nächste Abendessen zu köstlich und kalorienreich), um sich nur dem Müßiggang hinzugeben. Also lassen wir uns in der Küche einen großen Picknickkorb packen und schwingen uns auf die hoteleigenen Mountainbikes. Atemberaubend und nahezu unbekannt ist die Talenge des Flusses Nadiza, die man nach wenigen Kilometern entspanntem In-die-Pedale-Treten erreicht. Im Schatten der steil aufragenden Canyonwände lässt es sich wunderbar schwimmen, kraxeln oder, auf einem der glattgewaschenen Felsen liegend, bei einem Glas Prosecco in den Tag hineinträumen. Wer noch mehr Beachfeeling sucht, findet es in den kleinen Bädern an der italienischen Adria. Unser Tipp: der Strand von Sistiana, einem verschlafenen Fischernest mit Sechzigerjahre-Flair und wenigen Touristen. Allein die Fahrt dorthin durch die immer flacher werdende und irgendwann in Wein- und Obstfelder übergehende Berglandschaft ist ein Erlebnis, das einem die ganz besondere Lage dieser Region am südlichen Ende der Alpen erst so richtig bewusst macht.

Und noch ein letzter Tipp für den frühabendlichen Weg vom Strand zurück ins Hiša Franko: Bleiben Sie stark und standhaft! In keiner Trattoria entlang der Straße sind Pizza und Pasta auch nur halb so gut wie das Essen, das Ihnen Ana abends auftischen wird …

Pension Briol

BARBIAN-DREIKIRCHEN, ITALIEN

Häuser gibt es, die verschlagen einem gleich beim ersten Anblick den Atem. Weil sie so schön sind. Weil ihre Lage so einzigartig ist. Oder weil man dort, wo sie stehen, alles erwartet hätte, nur eben kein Haus. Im Falle der Pension Briol trifft all das zu – und es kommt noch ein weiterer, vierter Grund dazu: akute Luftknappheit, resultierend aus einem knapp einstündigen steilen Anstieg durch das Eisacktal. Natürlich hätte man unten im Dorf auch in den Geländewagen steigen können, der das mitgeführte Gepäck nach oben bringen soll. Doch diese Blöße will man sich vor den frohgemut am Parkplatz vorbeiziehenden Wandergruppen nicht geben. Und war die Anfahrt über die enge Serpentine hinauf nach Barbian nicht schon Abenteuer genug?

Also, weiter per pedes. Zunächst vorbei an Haflinger-Weiden und frisch gemähten Wiesen, dann ab durch schattige Kastanienalleen und spätsommerlich duftende Nadelwäldchen, bis irgendwann plötzlich auf einer Lichtung das Briol auftaucht. Unten strahlend weiß und von vier mächtigen Säulen gestützt, oben mit wettergrauem Holz getäfelt und einem flachen Dach bedeckt, erinnert das Gebäude eher an Bauhaus als an einen Bauernhof. Den zur Pension gehörenden Quellwasser-Swimmingpool – der viele Jahre als Südtirols einziges Privatschwimmbad galt – nennen die Einheimischen »das Auge Gottes«, weil sich die Natur so wunderbar darin spiegelt.

Seit 1928 steht das Briol schon an seinem Platz. Wirklich modern ist daran also gar nichts – im Gegenteil: Mit viel Engagement wehrt sich Johanna von Klebelsberg, die heutige Besitzerin, erfolgreich gegen all die kurzlebigen Trends und überflüssigen Standards, die unten im Tal die Hotellerie bestimmen. Wellnesscenter? Wozu, wenn der Gast nur aus der Tür treten muss, um es sich wohlergehen zu lassen? Erlebnisgastronomie? Warum, wenn frische Sauerampfersuppe, serviert in Original-Porzellan aus den 1930ern, ohnehin nicht zu überbieten ist? Fernseher im Zimmer? Wieso, wenn das Haus eine kleine Bibliothek und fast jedes Fenster die Aussicht auf die gegenüberliegenden Gipfel von Sella, Langkofel und Schlern bietet?

Fragt sich nur, wie es mit dem eigenen Bad aussieht. Die Antwort lautet: schlecht. Und auch das ist gut so. Schließlich hätte der spätere Einbau von Nasszellen und Toiletten in jedes einzelne Zimmer die klare Raumaufteilung in den Geschossen auf den Kopf gestellt. Und keine Angst, obwohl Sie hier die Waschbecken teilen müssen, lässt nichts in den Briol-Bädern ungute Erinnerungen an lang zurückliegende Schullandheim- und Campingplatzaufenthalte erwachen. Vielmehr fühlt man sich wie zu Besuch in den Sommerfrischen traditionsreicher Großfamilien – und liegt mit diesem Gefühl gleich doppelt richtig. Denn erstens wurde der Begriff der »Sommerfrische« im nur wenige Kilometer entfernten Bozen geprägt (Erfinder dieser uralten Ferienform war der urkundlich bezeugte Leutoldus de Oberpoazn, der bereits im Jahr 1237 aus der Hitze der Stadt in die umliegenden Berge flüchtete.). Und zweitens handelt es sich bei Johanna von Klebelsbergs Vorfahren um eine an Traditionen und Anekdoten reiche Familie. Sie geht zurück auf Heinrich und Johanna Settari, ein reiches Bozener Kaufmannspaar, das 1871 im Kur- und Kuhdörfchen Dreikirchen erste Besitztümer erwarb. In den folgenden Jahren gebar Johanna Settari nicht weniger als 14 Kinder – und für jedes wünschte sie sich von ihrem Mann nicht weniger als ein großes Grundstück für ein eigenes Sommerhaus in der näheren Umgebung. Im Laufe der Zeit eigneten sich die Settaris so den gesamten Hang an – und galten irgendwann nur noch als die immer wieder neue Residenzen errichtende »Bergfamilie«, der es sogar gelang, Christian Morgenstern, Elli Ney oder eine russische Großfürstenfamilie in diesen abgeschiedenen Landstrich auf 1300 Metern über dem Meeresspiegel zu holen.

Seinen Nachfahren hinterließ das Paar drei goldene Regeln: nie an Fremde weiterverkaufen, keine Zäune zwischen den einzelnen Anwesen errichten und die Natur schützen! Ansonsten war erlaubt, was gefiel. 1928 zum Beispiel gefiel es der jüngsten Settari-Tochter Pia und ihrem Mann, dem Maler und Architekten Hubert Lanzinger, die alte Pension Briol bis auf die Grundmauern abzutragen und in einem vom Bauhaus inspirierten Stil neu zu errichten. Ihr Grundkonzept lautete: mehr Bezug zur Natur und weniger Heimeligkeit bei der Einrichtung. Für den Außenbereich erdachten sie zu diesem Zweck eine große, scheinbar über dem Hang schwebende, säulengestützte Sonnenterrasse samt darüberliegender Loggien. Im Innenbereich setzten sie auf schnörkel- und vorhangfreie Stuben und Kammern mit schlichten Dielenböden, hölzernen Wandvertäfelungen sowie selbstentworfenen Stühlen und Tischen, die sich zwar an den alten Bauernmöbeln der Region orientieren, diese jedoch nicht kopieren.

Ein »Sonnentempel in freier Höhe« war der Wunsch des Hausherrn – und wem bei dieser Formulierung mulmig wird, liegt leider richtig: Lanzinger entwickelte sich in späteren Jahren zum Vorzeigekünstler der Nazis. Doch davon ist im Briol von heute absolut nichts mehr zu sehen oder zu spüren. Im Gegenteil, diese Pension wirkt so modern, unverkrampft und weltoffen, wie man es in der Abgeschiedenheit der Südtiroler Hochalpen kaum erwartet hätte. Kein Wunder also, dass zahlreiche Künstler, Architekten und Schriftsteller zu ihren Stammgästen zählen. Aber auch viele Familien wissen um die Vorzüge des

Hauses und seiner Lage. Als in den 1980er Jahren eine Forststraße durch das Gebiet von Dreikirchen geplant war, hatte sich die »Bergfamilie« erfolgreich zur Wehr gesetzt. Die Straße führt heute in einem weiten südlichen Bogen um das Anwesen herum. Ganze Ferienwochen, in denen man, vom Shuttle-Jeep einmal abgesehen, kein einziges Auto erblickt, sind in diesem Kinderparadies also möglich. Nur manchmal, wenn es auf der Terrasse besonders ruhig zugeht und der Wind ungünstig weht, hört man das leise Rauschen der Fahrzeugkolonnen unten auf der Brenner-Autobahn. Ansonsten erinnert in diesem modernen Haus aber Gott sei Dank nichts an die modernen Zeiten.

Riffelalp Resort

ZERMATT, SCHWEIZ

Bahnverladung Kandersteg. Nach Stunden auf der Autobahn endlich ein paar Minuten Pause auf dem Weg durch den pechschwarzen Tunnel. Dann das Mattertal. Haarnadelenge Kurven, hübsche Dörfchen, ein hellauf begeisterter Beifahrer. Zwischenstation Täsch. Mehr Parkgaragenplätze als Einwohner. Weiter geht's nur noch ohne den eigenen Wagen. Das heißt

runter vom Fahrersitz, rein in den Taxibus, rauf nach Zermatt. Am Ortseingang eine Schranke und ein himmelblaues, elektrobetriebenes Hotel-Cart: Ab hier ist die Schweiz endgültig abgas- und autofrei. Also aufatmen und abkühlen auf kuhfellbespannten Bänken und unter den neidvollen Blicken der vorbeiziehenden Tagestouristen. Doch der nächste Halt ist noch nicht die Endstation. »Alles umsteigen«, heißt es am Zahnradbahnhof. Staunen beim Anstieg. Schlucken beim Stopp. Die fantastische Aussicht verschlägt uns die Sprache, und unsere Ohren verlangen nach einem Druckausgleich. Schließlich die letzten 200 Meter und ein weiteres feuerrotes Bähnchen in Warteposition.

Wir lassen es links liegen, wählen stattdessen den Wanderweg durch den Wald. Nach fünf Minuten ein Hochplateau. Und unser Hotel, das Riffelalp Resort, 2222 Meter über dem Meeresspiegel und 2256 Meter unter dem Gipfelkreuz des Matterhorns gelegen.
Wir schweben – über den Wolken, die sich wie eine Daunendecke über das Tal gelegt haben, und über den Dingen. Denn auf solch einer Anreise nimmt man auch etappenweise Abschied vom Alltag und all seinen Belanglosigkeiten. Tatsache ist nämlich, dass nicht nur unsere Transportmittel mit jedem Wechsel langsamer geworden sind, sondern auch wir mit jeder sich schließenden Bus- und Bähnchentür einen Gang zurückgeschaltet haben.
Das Ergebnis ist ein Gefühl wunderbarer Weltentrücktheit. Dafür reisen andere bis ans andere Ende der Welt. Wir aber genießen es mitten in der Schweiz, diesseits und jenseits der gläsernen Schiebetüren, durch die wir unser Hotel betreten und in denen sich das Panorama der umliegenden Berge spiegelt.
Vor den Schiebetüren eröffnet sich eine wilde, ungebändigte Natur mit atemraubenden Kraxelpfaden, ranzig riechenden Murmeltierhöhlen, steil in den Himmel ragenden Gamsfelsen und kristallkalten Bergseen zum Cooldown für höhenerhitzte Gemüter.
Hinter den Türen erwartet uns dann ein »Leading Small Hotel of the World« mit Zimmermädchen, die schon nach der ersten Nacht begreifen, dass unter die Matratze geschlungene Laken für uns ein echtes Leid darstellen, Rezeptionisten, die mit der frühestmöglichen Zahnradbahn unsere Lieblingszeitungen aufs Zimmer kommen lassen, und Kellnern, die den Frühstückstoast in dünne, salzgebutterte Streifen schneiden, damit er sich besser ins weichgekochte Ei tunken lässt.

Am schönsten ist dieses wunderbare Gefühl der Weltentrücktheit jedoch, wenn man am Morgen wach wird, per Knopfdruck die schweren Vorhänge zur Seite schiebt, auf Kissenberge gebettet in Richtung morgenrotes Matterhorn blinzelt – und am liebsten gar nicht aufstehen möchte.
Da es tagsüber im Hotel aber so herrlich ruhig ist, verlässt man sein arvenholzgetäfeltes Zimmer gern einmal auf ein paar Stündchen, um sich an der Kaminbar oder im Wellnessbereich mit Solehöhle und Open-Air-Pool dem Müßiggang zu widmen. Während solcher Herbergstouren lassen sich auch so herrlich altmodische Einrichtungen wie die hoteleigenen Bowlingbahnen, das Billardzimmer und der Kinosaal entdecken. Letzterer verfügt über eine große Leinwand, kleine Sesselchen aus den Fünfzigern und eine stattliche DVD-Auswahl mit all den Schmachtstreifen

und Heimatfilmchen, die man sich nur in solch einem Ambiente anschauen kann. Abends gehört dieses Heimkino der Allgemeinheit, nachmittags hat man es auf Wunsch ganz für sich. Eine Kanne Kakao und eine silberne Etagere voll hausgemachter Pralinés werden gerne dazu serviert. Natürlich hätten die Besitzer beim letzten Umbau der 150 historienreiche Jahre alten Riffelalp auf diese eher nostalgisch anmutenden Räume verzichten können: Conference-Area, Hotel-Boutique und Computer-Corner wären sicher zeitgemäßer gewesen – aber bestimmt nicht so zauberhaft. Ebenso respektvoll ging man auch mit der alten anglikanischen Kapelle direkt hinter dem Hotel um: Anstatt sie nach dem Auszug der englischen Gemeinde von Zermatt abzureißen, ließ man sie entweihen, mit schwarzlila Murano-Lüstern ausstatten und in einen der schönsten Konzertsäle der Alpen verwandeln. Während des Musikfestivals im September spielen hier alljährlich die namhaftesten Klassik-Solisten der Welt.

Doch was ist eigentlich mit dem wahren Hauptdarsteller in dieser Hotel- und Höhenherrlichkeit – dem Matterhorn, dem meistfotografierten Berg der Welt? Scheinbar sind es nur ein paar Felsbröckchenwürfe von der Hotelterrasse bis hinauf zu seinem Gipfel, der am 14. Juli 1865 zum ersten Mal bezwungen wurde. Vier von sieben jungen Männern – angeführt von dem Engländer Edward Whymper – ließen bei dieser Tour ihr Leben. Bis heute brodeln die Gerüchte um die Tragödie, die das Bergbauerndorf Zermatt über Nacht weltbekannt gemacht hat. Unfall oder Mord? Das Seil, das beim Abstieg damals angeblich riss, ist heute noch im Alpinen Museum von Zermatt zu sehen. Die Annäherung an den Mythos Matterhorn ist also möglich, die endgültige Aufklärung jedoch nicht. Da passt es nur zu gut, dass der Schweizer »Berg der Berge« von sich aus sein Allermöglichstes tut, um nichts von seinem Geheimnis und seiner Grandezza preiszugeben: Denn während sich bei unserem Aufenthalt 37 weitere Viertausender rund um das Riffelalp Resort in schönstem Sommersonnenlicht zeigen, präsentiert sich Ihre Majestät die ganze Zeit lang äußerst bedeckt und von dramatischen Wolkengebilden umhangen. Ganz selten nur ist einige Sekunden lang ein Blick auf den Gipfel zu erhaschen. Und garantiert hat in diesen Momenten der ansonsten blitzlichtschnelle Fotograf gerade keine Kamera zur Hand oder irgendeine Wanderergruppe vor der Linse.

Drei Tage dauert dieses Katz-und-Maus-Spiel, und als wir schon überlegen, den Aufenthalt der Aufnahme wegen zu verlängern, gewährt uns der König des Wallis im allerletzten Moment dann doch noch eine kurze Fotoaudienz. Im Nachhinein (und beim Bilderauswerten am Computerbildschirm) betrachtet, wäre diese Gnade aber gar nicht nötig gewesen. Schließlich gibt es im Schatten des Matterhorns zahlreiche weitere Sehenswürdigkeiten. Eine davon ist die Gornergrat-Zahnradbahn, die von der Hotelstation Riffelalp hinauf zum Endbahnhof auf 3100 Metern führt. Die Fahrt bis ganz oben dauert fast eine Stunde und führt durch kleine Tunnel und dunkle Wälder, über Geröllfelder und steil in den Hang gebaute Brücken. Oben angekommen, kann man sich mit einem echten Bernhardiner-Hund fotografieren lassen, über den Rand einer Steinmauer auf die darunterliegende Gletscherlandschaft blicken, im Souvenirshop Schweizer Armee-Taschenmesser kaufen und danach wieder Richtung Talstation verschwinden. Oder man macht es so wie wir und wählt den Fußweg zurück zum Resort, der für hochalpine Verhältnisse sehr einfach zu bewältigen ist und herrliche Aussichtspunkte bietet. Doch kristallklare Bergseen hin und edelweiße Almwiesen her – der schönste Anblick der Tour sind die grüngrauen Schieferdächer unseres Hotels, die nach knapp drei Stunden zu unseren Füßen erscheinen.

Vigilius Mountain Resort

LANA, ITALIEN

Glaubt man der Legende, dann ist der Hausberg der Marktgemeinde Lana bei Meran ein magischer Ort. Angeblich hat hier oben auf dem Vigiljoch einst ein frommer Riese gelebt. Und sein Skelett, so heißt es weiter, sei erst vor kurzem genau unter jenem Bergkirchlein gefunden worden, das die Einheimischen schon seit Jahrhunderten der übermenschlichen Bautätigkeit des Riesen zuschreiben.
Spinnt man dieses Bergbauerngarn weiter, dann könnte besagter Riese auch etwas mit dem Vigilius Mountain Resort zu tun haben. Denn aus der Vogelperspektive betrachtet sieht dieses Hotel aus wie ein mit (Riesen-)Kraft und sämtlichen Wurzeln aus dem Erdreich gerissener und nun flach am Boden liegender Mammutbaum. Und selbst Matteo Thun, der Architekt des Hauses, ist sich bis heute nicht ganz sicher, ob sein Bau nicht vielleicht doch nur eine »Insel« ist, »die es gar nicht gibt« – so stark seien »nach jeder Rückkehr aus dem Resort die Zweifel, alles nur geträumt zu haben« …
Doch lassen wir den geschätzten Gast nun im wahren Sinne des Wortes einschweben in dieses ungewöhnliche Hotel. Wer den dreistündigen Steilmarsch scheut, erreicht das Haus nämlich nur mit Europas zweitältester Standseilbahn.

Von der Bergstation bis zum Resort sind es nur ein paar Meter. Da das Vigiljoch komplett autofrei ist, absolviert der Gast die Strecke zu Fuß, während mitgeführtes Gepäck im Schubkarren-Shuttle hinterhergerollt wird. Ebenso ungewöhnlich wie die Anreise gestaltet sich wenig später auch der Check-in: Statt der klassischen Rezeption erwartet den Gast ein tresenfreier Lobbybereich mit bequemen Sesseln und Sofas, auf denen er entspannen kann, während er sich von seinen Gastgebern das Leben am Berg und im Hotel erklären lässt.
Und schon hier, gleich hinter der Eingangstür, wird ihm klar, dass das Vigilius nicht nur Designerherberge, sondern auch Naturhotel sein will. Holz, Glas und Stein, so weit sein Auge reicht – sowohl in den öffentlichen Bereichen als auch in den 35 Zimmern und sechs Suiten. Die Schlafgemächer überraschen dann durch ihre ungewöhnliche Raumaufteilung: Der kleine Eingangsbereich dient zugleich als offener, geräumiger Kleiderschrank. Bett und Bad wurden davor platziert und befinden sich offen und frei im Raum, nur durch eine halbhohe Lehmwand voneinander getrennt, die im Winter gleichzeitig auch Heizquelle ist und wohlige Strahlungswärme abgibt. Dieses Einrichtungskonzept macht es möglich, dass der Blick bei allem, was der Gast tut – vom ersten Blinzeln am Morgen bis zum Zähneputzen am Abend – durch die deckenhohen und zimmerbreiten Fensterfronten in die freie Natur gelenkt wird. Und die kann sich hier oben angesichts der tiefdunklen Wälder und der Gipfel diverser Dolomiten-Massive durchaus sehen lassen. Daher verwundert es nicht, dass es den ansonsten

üblichen Fernseher im Zimmer nur auf Anfrage gibt. Und falls der Gast sich in seinem mit uralten Bauerntruhen und modernsten Designermöbeln eingerichteten »Ausguck« trotzdem einmal langweilen sollte, kann er sich in die hauseigene Bibliothek begeben, wo abends Filme gezeigt werden.
Oder aber er sucht den Wellnessbereich auf, wo das Wasser aus dem Pool den Berg hinunterzuschwappen scheint und nach dem Besuch der Panoramasauna eine Promenade durch den »Paradiesgarten« nächster Programmpunkt sein könnte. Aber Vorsicht: Auf dieser tatsächlich himmlisch anmutenden Dachterrasse kann es auch schmerzhaft zugehen! Zumindest dann, wenn nackte Füße nach dem Abkühlen den Gang über den ausgelegten Tannenzapfenparcours wagen ... Späteres Wundenlecken ist bei einem köstlich duftenden Polenta-Apfel-Honig-Peeling möglich. Oder beim »Alpine Cocooning«, bei dem man, umhüllt von Lagen butterweicher Schafswolle, wie ein Baby auf Zirbelkieferrinde ruht.
Wer es spiritueller oder sportlicher mag, entscheidet sich stattdessen für einen Yoga- oder Pilateskurs, bucht autogenes Training oder Feldenkrais, lässt sich in die hohe Kunst des Bogenschießens einweisen oder spielt Boccia – so wie früher. Natürlich könnte man auch mit dem Mountainbike über den Eggersteig hinunter in den Vinschgau fahren oder vom Hotel aus Richtung Gipfel wandern und auf dem Weg die unter schattigen Lärchen erbauten Sommervillen der reichen Meraner bewundern.

Doch so seltsam es auch klingen mag: Im Vigilius Mountain Resort fühlt sich der Gast der Natur bereits so nah, dass ihm der Schritt hinaus irgendwie überflüssig vorkommt. »Von außen erscheint der Wald innen zu sein, und innen glaubt man, man stehe draußen«, sagte der Stararchitekt Matteo Thun, der in den 1980ern den Memphis Style mitbegründete, dann als Creative Director für Swatch arbeitete und außerdem noch andere Hotels wie das Hamburger Side entwarf, einmal über sein Lieblingsprojekt, das Vigilius Mountain Resort.
Und damit die Natur weder vom Innen noch vom Außen beeinträchtigt wird, hat Thun eine kohlendioxidneutrale Biomasse-Heizung sowie wärmerückgewinnende Lüftungsgeräte einbauen lassen und zudem sonnenlicht- und windabweisende Lamellen aus heimischen Hölzern vor die Fenster gesetzt.
Viel Lob hat ihm das eingebracht – und einen »Goldenen Panda«, den Sonderpreis des italienischen World Wildlife Fund.
Doch all das wäre natürlich nicht möglich gewesen ohne Ulrich Ladurner, den Bauherrn und Besitzer des Hauses. Selbst in Meran geboren, verbrachte Ladurner einst die Sommer seiner Kindheit auf dem Vigiljoch. Später mauserte er sich vom Drogistenlehrling zu einem der größten Hersteller glutenfreier Lebensmittel.
Mit diesem Resort hat der Unternehmer auf der einen Seite seinen Traum vom perfekten Hotel verwirklicht. Auf der anderen Seite wollte er sich und seiner weitgereisten Klientel beweisen, dass ökologisch denken und luxuriös genießen sich nicht zwangsläufig ausschließen müssen.

Längst hat sich die Gondel mit den letzten Tagesausflüglern ins Tal verabschiedet und den Gast des Mountain Resorts auf dem Berg zurückgelassen. Wenn er jetzt noch einmal hinunter und später in der Nacht wieder hinauf will, muss er die Extrafahrt vorab mit dem Hotelpersonal besprechen. Doch eigentlich denkt er gar nicht daran, sein Wolkenkuckucksheim an diesem Abend zu verlassen: warum auch, wenn in der Kaminlounge ein Feuer knistert, im Dachgebälk altes Lärchenholz knarrt und vorne bei der Lobby zwei großartige Restaurants auf ihn warten …
Das eine heißt »Stube Ida« und bietet einen Kachelofen sowie bodenständige Südtiroler Speisen. Das andere trägt den Namen »1500« und ist in einem 300 Jahre alten, bis aufs Fachwerk entkernten und dann mit gläsernen Wänden versehenen Stadl untergebracht. Es wartet mit einem feinen Mix aus Mittelmeer- und Meraner Küche auf. Pochiertes Landei mit Ochsenschwanzkompott und Rahmspinat wird hier serviert oder Oktopus-Bolognese auf Sepia-Lasagnette – Gerichte, die den Gast am Ende eines märchenhaften Tages mindestens ebenso glücklich machen wie der Rundumblick auf die mondbeschienenen Berggipfel zwischen den Gängen und die Aussicht auf eine Nacht im Reich des Riesen vom Vigiljoch.

Vila Bled

BLED, SLOWENIEN

■ Mal ehrlich, haben Sie sich noch nie gefragt, wer vor Ihnen schon alles in Ihrem Hotelzimmer geschlafen haben könnte? Wenn Sie in der Vila Bled auf Staatsmänner oder Spitzenpolitiker tippen, liegen Sie mit Sicherheit richtig. Denn im Laufe ihrer sechzigjährigen Geschichte hat die weiße Villa am See so ziemlich jeden gesehen, der in der Welt einmal etwas galt: Ob Nikita Chruschtschow, Willy Brandt, Indira Gandhi, Gamal Abd el-Nasser, Haile Selassie, Kaiser Akihito aus Japan, Hussein von Jordanien, Jean-Bedel Bokassa, Nicolae Ceauşescu oder Kim Il Sung – die Gästeliste liest sich wie das Who's who des letzten Jahrhunderts (mit einem zugegebenermaßen recht einseitigen Schwerpunkt auf den Akteuren des Kalten Krieges und auf Diktatoren).

Wer sie alle hierherbrachte? Josip Broz Tito, der Balkan-Boss mit dem ausgeprägten Hang zum Größenwahn. Vierzig Residenzen ließ er über ganz Jugoslawien verteilt für sich und seine Gäste errichten. Seine liebste war die Vila Bled in den Julischen Alpen – ein Prunk- und Prestigebau mit einem riesigen Park, 1947 von Vinko Glanz, einem Schüler Otto Wagners, im Auftrag Seiner Majestät des Marschalls in die Hügel über den See gesetzt. 1984, vier Jahre nach Titos Tod, wurde der Palast in ein Hotel umgewandelt und bereits 1986 in die elitäre Hotelvereinigung Relais & Châteaux aufgenommen.
Stilistisch ist die Vila Bled eine eklektische Mischung aus Ostblock-Opulenz, versatzstückelter Klassik und ideologisch adaptiertem Byzantinismus.

Egal ob man im eigenen Zimmer zum Sechzigerjahre-Wählscheibentelefon aus russischer Produktion greift oder im großen Ballsaal den frescogewordenen Sieg flaggenschwingender Guerilla-Kämpfer über die deutschen Truppen bewundert – alles ist noch original und vieles (unfreiwillig) originell. Bestes Beispiel ist der bereits erwähnte Ballsaal, der sich per Knopfdruck in ein Heimkino verwandelt. Wann immer es Tito an den Wänden zu bunt und barbarisch zuging, ließ er einfach die Vorhänge zuziehen und eine versteckte Leinwand herabfahren, um sich seine geliebten John-Wayne-Western anzuschauen.

Inzwischen ebenso befremdlich erscheint, dass aus Sicherheitsgründen die Privatgemächer für die »Very Important Politicians« auf der seeabgewandten Parkseite errichtet wurden. Das bedeutet für die verwöhnte Klientel von heute: viel Platz und wenig Aussicht. Denn während man von den einfachen Zimmern auf den See und die Berge schaut, reicht der Blick aus den Suiten nur bis zum nächsten Baum. Dafür darf man sich im eigenen Salon an Madame Titos extravaganter Tapetenauswahl sattsehen: Pink, taupe, grau und sehr geometrisch mochte es die Herrin des Hauses – und hat bei den meterhohen Wänden aus diesen Vorlieben keinen Hehl gemacht …

Eher auf das Geschmackskonto ihres Mannes geht der vielfältige und farbenfrohe Einsatz von Marmor für Böden, Decken, Säulen und Wände. Dumm nur, dass Tito beim Bestellen damals nicht bedachte, dass dieses zum Teil sehr seltene und kostbare Gestein tonnenweise Schotter kostet. Sehr viel schlauer seine Entscheidung, den Lieferanten vor dem »Nachverhandeln« erst einmal einige Tage in Gewahrsam zu nehmen …

Geschichten wie diese gibt es zuhauf über dieses Hotel zu erzählen, und keiner tut das so gut und so gern wie Direktor Janez Fajvar, der zugleich als Bürgermeister des Ortes amtiert. Fajvar ist in Bled

aufgewachsen und hat vieles selbst erlebt, anderes erlesen oder bei den älteren Dorfbewohnern erfragt. Mit etwas Glück bekommt man gleich die ganze Story der Gorenjska-Region zu hören, beginnend bei den ersten Pilgern, die im 16. Jahrhundert kamen, um die Kirchenglocke auf der kleinen Insel mitten im See zu schlagen – ein ziemlich nervenaufreibender Brauch, der sich bis heute gehalten hat. Weiter geht's mit all den Königshäusern, die hier vor und zwischen den Weltkriegen ihre Sommerfrische verbrachten. Es folgen Tito und seine Staatsgäste, für die zur Jagdzeit sogar halbzahme Gämsen vor die Flinten getrieben wurden – ein ebenfalls recht nervenaufreibender Brauch, zumindest für jene Dorfpolizisten, die die zahlreichen überlebenden Tiere nach der Abreise der prominenten »Jagdgesellschaften« wieder einzusammeln hatten … Und manchmal erzählt Fajvar dann auch von den VIPs der Jetztzeit, die Bled und seiner Vila am See regelmäßig einen Besuch abstatten. Das spanische Königs-

paar, der britische Thronfolger, Albert von Monaco oder Yellow-Press-Celebrities wie Heather Mills, die sich nach der medienwirksamen Trennung von Ehemann Paul McCartney mehr als eine Woche lang hier versteckt hielt – sie alle schätzen diese Villa mit dem Charme vergangener Zeiten und vor allem die Märchenlandschaft vor ihren Toren.
Am privaten Badesteg des Hauses leihen sie sich Ruderboote, um von dem flaschengrünen See aus die umliegenden Wälder, Berge und Hänsel-und-Gretel-Häuschen am Ufer zu bewundern. Im fünf Hektar großen Privatpark flanieren sie stundenlang unter schattenspendenden alten Bäumen, entdecken dabei den großartigen Aussichtspavillon oder das kleine, im Dornröschenschlaf liegende Tennishäuschen mit seinem Deckenmosaik, das schlägerschwingende Engel zeigt. Und abends trifft man all die Berühmtheiten mitunter in der Bar, die einst Titos Garage war und heute so retro und so schick aussieht, dass man hier sofort die Martini-Szenen für die nächsten hundert Bond-Filme abdrehen möchte. Ganz, ganz selten trifft man sie sogar am morgendlichen Frühstücksbuffet oder zum Lunch im Restaurant.
Denn seien wir ehrlich: Die Vila Bled ist kein Ort zum Schlemmen. Das liegt zum einen an der uninspirierten Allerweltsküche, zum anderen an der rauen Herzlichkeit der Kellnerinnen. Im ehemaligen Jugoslawien mögen sie bestimmt einmal ausgezeichnete Kugelstoßerinnen oder Hammerwerferinnen gewesen sein; in dem absolut unzeitgemäßen Ambiente des Speisesaals, der stilistisch irgendwo zwischen Siebzigerjahre-Kreuzfahrtdampfer und Sechzigerjahre-Landschulheim angesiedelt ist, wirkt ihre schroffe Art leider noch zusätzlich appetitzügelnd. Oder wann hatten Sie zum letzten Mal angstschweißnasse Hände beim Bestellen einer zweiten Tasse Kaffee? Von so ausgefallenen Extrawünschen wie weichgekochten Frühstückseiern wollen wir erst gar nicht reden.

Darf man sich über so etwas aufregen? Klar! Sollte man dann dieses Hotel besuchen? Auf keinen Fall! Denn Tito mag zwar ebenso tot sein wie sein Traum von einer anderen Gesellschaft und einem geeinten Land. Wenn es ums Bedienen geht, bleibt der eher spröde Charme kommunistischer Serviceauffassung hinter den dicken Mauern seiner Lieblingsresidenz bis heute jedoch sehr lebendig.

Warum die Vila Bled trotzdem jeden Besuch wert ist? Weil mehr Authentizität und eine schönere Landschaft nirgendwo sonst in den Alpen zu finden sind. Und weil kein Gast irgendeines anderen Hotels jemals von sich behaupten kann, im selben Zimmer (Nr. 102) geschlafen zu haben, in dem Marschall Tito einst in einer dramatischen Notoperation die Gallenblase entfernt wurde!

Frühling und Herbst

Erste zartgrüne Wiesen und letztes flammend buntes Laub: Im Frühjahr und Herbst zeigen sich die Alpen von ihrer aufregendsten Seite. Alles ist in Bewegung, nichts mehr so, wie es am Vortag noch war. Wer jetzt kommt, erlebt Highlights fernab vom Hochsaison-Trubel.

Chalet-Hotel Almdorf Seinerzeit

PATERGASSEN, ÖSTERREICH

Waldzwerge? Kräuterhexen? Oder einfach nur ein guter Hausgeist? Es ist noch früh am Morgen, doch schon blinzelt die Herbstsonne durch rustikale Linnenvorhänge in die Schlafstube unterm Schindeldach. Himmlischer Frieden auf knapp 1400 Höhenmetern – wäre da nicht jenes rätselhafte Knistern, Knacken und Zischen. »Der Bergfex!«, flüstere ich verschreckt in Richtung des Daunenbettes neben mir. »Der Zimmerkellner«, faucht es verschlafen zurück.

Und tatsächlich ist eine Etage tiefer bereits ein dienstbarer Hausangestellter mit dem Einheizen des Kamins und den Vorbereitungen für ein ausgiebiges Frühstück beschäftigt, während wir im ersten Stock unserer 75 Quadratmeter großen Holzhütte dem Ende der ersten Urlaubsnacht entgegenschlummern. Im Seinerzeit ist so viel Service selbstverständlich – und das, obwohl der Weg vom Küchenhaus hinüber zu den einzelnen Hütten durch frostbedeckte Gärten und über nass glänzende Kiespfade führt.

10.30 Uhr: im Heubad versinken – oder vielleicht doch lieber ganz hoch hinaufkraxeln? Das Angebot unseres Hüttenwirtes in der dorfeigenen Tageszeitung ist jedenfalls reizvoll: »Zwei Stunden durch den Nationalpark Nockberge«. Die Tour lockt mit der Aussicht auf leuchtend bunte Wälder, sattgrüne Wiesen und eine zünftige Bauernjause irgendwo da draußen zwischen Himmel und Hütte.
Kein Wunder also, dass sich die Hälfte der Almdorfbewohner pünktlich zum Abmarsch vor dem Dorfweiher versammelt: der gestresste Vorstandsvorsitzende, der eigens aus Norddeutschland eingeflogen ist, nur um ein paar Tage die Seele baumeln zu lassen, die belgische Großfamilie, die schon seit Jahren in Drei-Generationen-Stärke und mit einer ständig wachsenden Zahl an Haustieren im Almdorf vorbeischaut, das »junge Glück« aus Wien, das schon die ganze Welt kennt, seine Flitterwochen aber am liebsten vor der eigenen Haustür – und trotzdem weit weg vom Alltag – verbringt.
Was sie alle verbindet? Die Lust auf ungezwungenen Luxus, Bodenständigkeit und ein authentisches alpenländisches Ambiente. »Viele unserer Stammgäste steigen regelmäßig in den besten Hotels der Welt ab, fühlen sich aber in unseren urigen Hütten sehr viel wohler als in schicken Nobelsuiten. Nur hier finden sie zurück zu den wirklich wesentlichen Dingen, ohne dabei auf modernen Komfort verzichten zu müssen«, erklärt Almdorf-Besitzer und Wanderführer Karl Steiner während des Aufstiegs. »Damals hat niemand an den Erfolg meiner Idee geglaubt. Ich galt als Spinner, der irgendwo in den Bergen sein persönliches ›Wolkenkuckucksheim‹ errichten wollte.«
Dass Karl Steiners Konzept letztendlich doch umgesetzt wurde, liegt wohl an der Überzeugungskraft des Mannes, der einst mit Österreichs erster Baumarktkette sein Geld gemacht – und wieder verloren – hat. Sein Erfolg ist aber auch Steiners beinah pedantischer Liebe zum Detail zu verdanken. Das Holz für die Kaminöfen? »Wird im Tal für uns auf elf Prozent Feuchtigkeitsgehalt heruntergetrocknet, weil es dann

die schönsten Flammen schlägt und im Ofen am lautesten knistert.« Die Lichtschalter in den Hütten? »Reproduktionen alter Modelle aus Porzellan. Plastik wäre ein Stilbruch gewesen.« Und die vielen kleinen Laternen, die den Gästen nach dem Abendessen den Weg vom Restauranthaus in ihre Hütten weisen? »Insgesamt 150 Stück, die unser Nachtwächter alle noch per Hand entzündet.«

Bald schon wird des Nachtwächters allabendlicher Weg durch die einbrechende Dunkelheit noch einmal um ein gutes Stück länger werden. Denn insgesamt zehn weitere »kaiserliche Jagdhäuser«, die sich vom Weiher aus am Hang verteilen, sind geplant. Neben viel Platz bieten sie eine offene Feuerstelle im Wohnraum, einen eigenen kleinen Weinkeller, in den man durch eine Falltür im Boden gelangt, und einen privaten Outdoor-Jacuzzi. Ein alpiner Wellnesstempel soll das Almdorf allerdings auch nach den Erweiterungsarbeiten nicht werden: »Unser Fitnessstudio bleibt der Berg oder der Hackstock vor der Tür. Und wer nach Entspannung sucht, kann in den hütteneigenen Holzzubern oder in unserem Heubad untertauchen.« Eine gute Stunde dauert so eine Behandlung mit duftendem Trockengras, an die einen selbst Stunden später noch das eine oder andere pieksende Hälmchen erinnert.

Aber damit des Vergnügens nicht genug! Noch am selben Tag will uns Selfmade-Hotelier Steiner mit seinem allerliebsten Einfall vertraut machen: Während am Himmel langsam der Abendnebel aufsteigt, sitzen wir Gäste, in warme Decken gehüllt, rund um den kleinen Schwimmteich, trinken Champagner, blinzeln in lodernde Fackeln und züngelndes Lagerfeuer und lauschen dabei Beethovens *Freude, schöner Götterfunken*. Pünktlich zu den letzten Klängen leuchten die ersten Blitze eines fulminanten Feuerwerks über dem Dorf auf. Ungefähr einmal im Monat gönnt Steiner sich und seinen Gästen ein solches Spektakel, und auch die Bewohner der umliegenden Talgemeinden erfreuen sich gerne an diesem Lichterzauber.

Am nächsten Morgen dann das nächste scheinbar übersinnliche Erwachen. Waren es gestern noch Berggeister, so sind es heute die Launen der Wettergötter, die uns den eigenen Augen kaum trauen lassen: Wir schweben – hoch über weißen Herbstwolken, die sich wie Watte über das Tal gelegt haben, und tief unter einem strahlend blauen Oktoberhimmel, der die ganze Szenerie in ein unwirkliches Licht taucht. Erst das freundliche »Guten Morgen« des Zimmerkellners holt uns von unserem Schlafzimmer-Balkon in die Wirklichkeit zurück. Die Landung ist weich, denn vor uns liegt ein weiterer Tag im Paradies, und der Frühstückstisch ist auch schon fertig gedeckt.

Darf man, nachdem man ofenwarme Semmeln, Kärntner Hauswürstel, selbstgebackenen Blechkuchen und frischen Joghurt mit Äpfeln und Nüssen vom Bauern verzehrt hat, noch an ein Abendessen denken? Wir finden, ja, und machen uns gleich nach dem letzten Schluck Kaffee auf den Weg zum Rezeptionshaus, um dort einen Tisch im »kleinsten Restaurant Österreichs« zu reservieren. Auf einer hölzernen Aussichtsterrasse am Dorfrand gelegen, bietet dieses winzige Lokal gerade einmal Platz für vier Gäste und einen Koch, der seine deftigen traditionellen Pfannengerichte selbst serviert – direkt von der Feuerstelle auf die Festtafel.

Bis uns dieser Genuss zuteil wird, haben wir jedoch noch einen ganzen Tag lang die Qual der Wahl. Sich einfach dem Nichtstun hingeben oder Golf spielen im nur sechs Kilometer entfernten Bad Kleinkirchheim? In der Panorama-Sauna den Ausblick genießen oder shoppen und flanieren rund um die »Promibadewanne« Wörthersee? Die günstige und trotz aller Abgeschiedenheit doch zentrale Lage des Almdorfes ermöglicht es, zwischen den Welten zu wandeln: im »Seinerzeit« entspannen und aktiv sein im Heute. Diesen Vorzug wissen auch viele Gäste mit Kindern zu schätzen. Denn während sich der plötzlich ungemein selbstständig gewordene Nachwuchs tagelang mit Eselfüttern, Floßfahren und Forellenangeln vergnügt, dürfen die sich selbst überlassenen Eltern endlich einmal ihr eigenes Urlaubswunschprogramm gestalten.

Traumurlaub für alle also – und ein lebendiger Eindruck davon, wie das bäuerliche Leben auf der Alm »seinerzeit« ausgesehen haben könnte.

Hubertus

BALDERSCHWANG, DEUTSCHLAND

87538 Balderschwang. 225 Einwohner klein und mit 1044 Metern über dem Meeresspiegel Deutschlands höchstgelegene Gemeinde. Von Spöttern wird diese Ecke des Allgäus gern als »Bayerisch-Sibirien« bezeichnet. Weil es im Winter hier tatsächlich noch bitterkalt werden kann. Und weil die Anfahrt über den kurvigen Riedbergpass den Verdacht nahelegt, dass es von hier bis ans Ende der Welt nicht mehr weit sein kann. Doch der Schein ländlicher Abgeschiedenheit trügt: Nach Zürich oder München sind es weniger als 200 Kilometer. Bregenz und der Bodensee liegen Balderschwang beinah zu Füßen.

UNO

Mitten im Zentrum des Dorfes befindet sich das Hotel Hubertus, 1959 von Karl Traubel für 28 000 Mark errichtet und 2004 von dessen Söhnen Walter und Karl junior für sechs Millionen Euro umgebaut und zur 50-Zimmer-Herberge erweitert.

Äußerlich keine Schönheit, hat das Viersternehotel dafür jede Menge innere Werte zu bieten. Und die offenbaren sich bereits in der Lobby mit ihren hübsch dekorierten Ecken, den Wandverkleidungen aus gestapelten Holzscheiten und den schaffellbedeckten Sesseln. Ähnlich präsentieren sich dann auch die Zimmer, die im Hubertus so hübsche Namen tragen wie »Murmel-Suite« oder »Vogelnest«. Je nach gebuchter Kategorie verfügen sie über Lärchenholzböden, lackfreie Anstriche, Himmelbetten und Kuschelecken mit Kissen aus Karostoffen und Kaninchenfellen. Doch wer jetzt befürchtet, der Hang zum Alpenkitsch habe sich hier ebenso stark durchgesetzt wie die Liebe zum Detail, irrt sich Gott sei Dank. Der Look wirkt modern und aufgeräumt – ein Ambiente, in dem selbst die blecherne Milchkanne als Flaschenkühler nicht peinlich auffällt.

Beeindruckend ist auch das Angebot im Wellnessbereich, das sage und schreibe 68 unterschiedliche Treatments und Packages (von A wie Ayurveda bis T wie Thalasso) umfasst. Schade nur, dass nicht ebenso viele Ruhebetten für die vom Wohlfühlen überanstrengte Klientel bereitstehen …

Doch wozu sich im Keller dem Müßiggang hingeben, wenn draußen die Herbstsonne strahlt? Der nahegelegene Golfclub Waldegg-Wiggenbach wirbt mit Deutschlands höchstgelegenem Abschlag. Außerdem werden geführte Mountainbike- und Nordic-Walking-Touren angeboten – und wer es langsamer und individueller angehen möchte, wandert einfach durch die Hoteltür direkt hinaus in die Natur. Einmalig in Europa sind die umliegenden Sennalpenwege mit ihren 17 Alphütten, in denen der Besucher miterleben kann, wie der berühmte Allgäuer Bergkäse hergestellt wird. Allzu viel durften wir davon allerdings nicht probieren. Schließlich hat der Küchenchef des Hubertus für den Abend zum »Asiatisch-bayerischen Kirchweihmenü« geladen. Und das bedeutet: Sechs köstliche Gänge lang genießen, staunen und sich freuen. Zum Beispiel über Lachstartar und Mini-Fleischpflanzerln an Kartoffelsalat. Oder über Festtagsente mit Kürbis-Ingwer-Kraut sowie gepiercte Jacobsmuscheln an Hummerschaum mit Forellenkaviar auf Gurkenspaghetti und

bayerischer Frühlingsrolle. Und ganz zum Schluss auch noch über die chili-parfümierte bayerische Creme. Bodenständiger und besser zubereitet, lässt sich Crossover-Cuisine nämlich kaum auf den Tisch bringen. Und schon allein dafür lohnt sich der Weg nach »Bayerisch-Sibirien«. Selbst dann, wenn das Hotel Hubertus tatsächlich am Ende der Welt liegen würde.

Nebesa

KOBARID, SLOWENIEN

Nebesa heißt »der Himmel« – und es wäre ebenso naheliegend wie berechtigt, dieses Mini-Hotel in den slowenischen Alpen als »Himmel auf Erden« zu bezeichnen. Doch unserer Gastgeberin Katja, die einst als eine der bedeutendsten Journalistinnen ihres Heimatlandes galt, würde dieser etwas klischeehafte Einstieg wohl nicht gefallen. Also, noch einmal zurück an den Anfang – oder in diesem Fall zur Homepage des Hauses: www.nebesa.si.

»Klickt das mal an, ich glaube, das wär was für euch«, hatte eine Freundin damals gesagt. Immerhin gebe es dort nur Platz für acht ausgewählte Gäste, und die Adresse gelte als *der* Geheimtipp in Slowenien!

Und dann entdeckten wir im Netz nichts weiter als ein Foto von vier hübschen kleinen Häusern an einem Berghang und den Hinweis auf einen »Salon mit offenem Kamin für gesellige Stunden«.

Wer mit so viel Understatement wirbt, muss von dem, was er anpreist, schon sehr überzeugt sein und außerdem auf eine kleine, feine Klientel setzen können, die zwischen den Zeilen zu lesen versteht. Das dachten wir und machten uns auf den Weg Richtung Süden.

Unsere Reise führte über Pässe, Täler und Dörfer und vor allem durch eine absolut unberührt aussehende Natur. Ab Kobarid, einem verschlafenen Städtchen, das seinen kurzen Auftritt auf der Bühne des Weltruhms einer Schlacht im Ersten Weltkrieg verdankt, lassen wir uns telefonisch weiterlotsen.

Zu klein werden jetzt die Siedlungen und zu schmal die Straßen, als dass man sie auf den mitgeführten Landkarten noch erkennen könnte.

Eine letzte langgezogene Kurve, dann stehen wir plötzlich vor einem eisernen Tor, hinter dem ein eingezäunter Grund liegt. Es war Liebe auf den ersten Blick, als Katja und ihr Mann Bojan das Gelände im Jahr 2000 entdeckten. Hier wollten sie ihren Alterssitz errichten, einen »Adlerhorst« hoch über dem Tal und fernab des Alltags. Doch das Bauamt wollte den beiden das Areal mit der traumhaften Aussicht nur zur weiteren touristischen Nutzung überlassen. Und so wurde aus Katja, der ehemaligen Journalistin, und Bojan, dem ehemaligen Internisten, das Hotelierehepaar Roš. Ihr Plan: Neben einem großen Wohnhaus für sich selbst sollte ein angegliederter öffentlicher Trakt mit Salon und einem kleinen Wellnesscenter entstehen. Und dazu eben jene vier am Plateaurand aufgereihten, mehrfach mit Architekturpreisen ausgezeichneten Häuschen: lichte Luxus-Cottages, errichtet für jeweils zwei Personen und auf zwei Etagen. Zum Tal hin offen, mit einer verglasten Wand und einer großen Terrasse, zum Berg hin eher abweisend, mit schmalen, schlitzartigen Fenstern und einer wettergegerbten hölzernen Fassade. Zur Inneneinrichtung gehören Küche, Bad, Schrankraum, Schlafgalerie, Sofa und maßgefertigtes Mobiliar. Man merkt, dass die Besitzerin sich von den Designergeschäften im benachbarten Italien inspirieren ließ. Und noch heute, drei Jahre nach der Eröffnung, kümmert sie sich um jeden Faltenwurf und rückt jedes falsch auf einem Liegestuhl drapierte Plaid zurecht.

Wer hierherkommt, weiß so viel Perfektion zu schätzen und kann zudem sicher sein, dass dieses Höchstmaß an Harmonie durch nichts gestört wird. Tagesbesucher erhalten keinen Zutritt zu der Hotelanlage und Kinder meistens auch nicht – auch wenn diese Regel, die selbst bei den eigenen Enkeln keine Ausnahme duldet, den Roš'schen Großeltern im Herzen weh tut. »Wir sind nun mal ein Refugium für maximal acht ruhesuchende Gäste, die bereit sind, sich die Exklusivität und Abgeschiedenheit etwas kosten zu lassen. Große Familien oder kleinere Festgesellschaften sind uns natürlich auch willkommen, nur sollten sie dann das ganze Hotel mieten.«

Dass man nicht jede Buchung fraglos akzeptiert und die Privatsphäre der Gäste dem potenziellen Gewinn voranstellt, scheint sich auszuzahlen: Im vergangenen Jahr verbrachten die beiden bekanntesten slowenischen TV-Stars im Nebesa völlig unerkannt ihre Flitterwochen, während die gesamte Yellow Press dieses durchaus überschaubaren Landes über den Aufenthaltsort des Paares rätselte.

Aber auch weniger berühmte Gäste wissen die Diskretion und Ruhe vor Ort zu schätzen. Wissenschaftler und Künstler kommen hierher, um ungestört zu arbeiten, Paare aus der feinen Londoner Gesellschaft, um einige Tage lang auszuspannen, und wer es sich leisten kann, reist im Sommer einfach nur für eine Nacht aus Ljubljana an, um die kühle, klare Bergluft zu genießen.

Wie so ein typischer Tag im »Himmel« aussieht? Frühstück im Salon, danach auf der eigenen Terrasse dem Rotwild im angrenzenden Freigehege beim Äsen zuschauen, ein kurzer Mittagsschlaf und dann in die Sauna oder den Hallenpool mit Bergblick. Zur blauen Stunde steigt man hinunter in den Weinkeller, versorgt sich mit Rotem oder Weißem vom Fass, schneidet dazu ein paar Scheiben von einem riesigen Landschinken ab, lädt eingelegte Oliven, selbstgemachte Antipasti sowie frischgebackenes Brot auf den Teller und macht es sich vor dem Kamin oder in seinem Cottage gemütlich. Dabei stört kein guter Hotelgeist oder übereifriger Kellner. Selbstbedienung ist angesagt, denn erstens gibt es außer den Zimmermädchen kein weiteres Personal, und zweitens sind die feinen Kleinigkeiten ohnehin im Preis inbegriffen. Das Vertrauen der Gastgeber geht sogar so weit, dass selbst die wirklich teuren Weine unverschlossen und für jeden zugänglich in den Keller-Regalen lagern. Wer sich eine Flasche davon nimmt, vermerkt es auf einem bereitliegenden Zettel.

Es gibt nur wenige Gründe, solch ein Paradies während des Aufenthalts freiwillig zu verlassen. Ein wahrhaft lohnenswerter jedoch ist die unglaubliche Landschaft, die sich rund um das Nebesa auftut: Gleich vor dem eisernen Tor beginnt der Triglav-Nationalpark. Sein höchster Punkt ist der gleichnamige Berggipfel auf 2864 Metern, sein niedrigster das Tolminer Flussbett auf 180 Metern. Dazwischen liegen 83 807 Hektar Wildnis mit Wasserfällen, hochalpinen Wäldern und freilebenden Bären.

Wer dem Lauf der Soča unten im Tal folgt, erobert sich eine Welt aus urwaldgrünen Uferstreifen, steil in den Himmel ragenden Felsformationen und auf natürliche Weise geformten Becken mit kristallklarem,

karibikblauem Wasser. Am besten ist all das zu erleben, wenn man irgendwo am Fluss ein Kanu mietet und sich nach einer kurzen Einweisung einfach südwärts treiben lässt. Um den späteren Rücktransport der Boote kümmert sich der Vermieter. Einsame Picknick- und Sonnenplätze sind so zahlreich wie die Kieselsteine im Fluss. Und im Sommer erreicht der Bergfluss Soča an einigen Stellen sogar erfrischende Badetemperaturen.

Doch ganz ehrlich: An unserem schönsten Tag im Nebesa hat es vom frühen Morgen bis tief in die Nacht geregnet, gestürmt und genebelt – obwohl das in dieser sonnenverwöhnten Ecke der Südalpen sonst nur ganz selten vorkommt.

Die vorbeijagenden Wolkenfetzen und der peitschende Regen bilden ein Naturschauspiel, das einen immer wieder von seiner Schlechtwetter-Lektüre wegreißt und auf die Terrasse stürmen lässt. So ist es also, wenn man »den Himmel auf Erden« erlebt. Und in diesem Fall dürfte selbst Katja, die wortgewaltige Nebesa-Chefin, nichts gegen die Formulierung einzuwenden haben.

Paxmontana

FLÜELI-RANFT, SCHWEIZ

■ Zwar ist es schon ein Jahrhundert her, seit man zur Sommerfrische für ein paar Tage ins Gebirge zu fahren pflegte, doch in dieser Umgebung nähme ballspielender Nachwuchs im Matrosenanzug heute ebenso wenig wunder wie stolzes Mutterglück unter spitzenfeinsten Sonnenschirmchen oder geschäftiges Gentleman-Gemurmel beim nachmittäglichen Depeschenstudium … So eine Reise zurück in die guten alten Zeiten muss kein Wunschtraum bleiben. Sie ist buchbar. Für uns beginnt sie hoch über dem Sarnersee, in Flüeli-Ranft. Unter einer fahnengeschmückten, dichtbewachsenen Pergola schreiten wir vom Hauptplatz des 380-Seelen-Dörfchens in Richtung eines der geschichtsträchtigsten Hotels des ganzen Landes. Das Paxmontana, »Haus des Bergfriedens«, wurde 1896 erbaut und war damals eine modernst ausgestattete Luxusherberge. Heute ist es ein Haus mit zwar nur drei Sternen, dafür aber voller Charme und Geschichte.

Doch zurück zur Pergola. An deren Ende erreicht man eine Terrasse, und vor der Hotelpforte spielt zur Begrüßung der Gäste eine Leierkastenfrau auf. Nichts scheint sich seit der Jahrhundertwende verändert zu haben außer den Reisenden und ihren Gewohnheiten. Denn statt ganz spontan im gemieteten Kleinwagen fuhr man damals von langer Hand geplant in der Kutsche vor. Die Lords und Ladys blieben schließlich mindestens für einen Monat und kümmerten sich derweil um ihr aus der Großstadt mitgeschlepptes Tuberkuloseleiden. Nebenbei vergnügte man sich beim sonntäglichen Konzert des Hausorchesters und mittwochs auf der Ballnacht, nutzte die Bibliothek, um Grüße in die Heimat zu verfassen, und die hoteleigene Dunkelkammer zu deren überreicher Bebilderung …

Inzwischen dient dieser Raum als Lager – und stellt damit eine absolute Ausnahme dar. Denn vom romantischen Rosensalon bis zur riesigen Glasveranda mit Seeblick soll auch im Inneren des Paxmontana alles in altem Glanz erstrahlen, wie es die gerahmten alten Postkarten und Prospekte in der Lobby versprechen. Das klingt zwar selbstverständlich, war es aber lange Jahre nicht. Als Martin Küttel und seine Frau Andrea das Hotel 1999 aus seinem dornröschenhaften Dämmerschlaf erweckten, galt es nämlich längst nicht mehr als das vielgepriesene »Bijou des Jugendstils«, sondern als eine einzige (Um-)Bausünde. »Damals«,

so erklären uns die beiden Eigentümer beim Rundgang durch ihr Reich, »waren die wertvollen Intarsien- und Tapetenmalereien an der Decke einfach mit Rigipsplatten abgehängt und die seltenen Holzböden mit billiger Auslegeware überklebt. Können Sie sich unsere Überraschung vorstellen, als das alles plötzlich wieder zum Vorschein kam?« Bis heute ist das Direktorenpaar aus seinem Staunen nicht mehr herausgekommen. Denn seit der endgültigen Fertigstellung der Gesellschaftsräume im Erdgeschoss kümmert es sich während der Wintermonate, wenn das Hotel geschlossen bleibt, um die Renovierung der insgesamt 120 Schlafgemächer auf vier Etagen und einem Mansardengeschoss. Und auch da kommt es vor, dass farbenfrohe Terrazzoböden unter faden Steinfliesen auftauchen oder handgemalte Friese hinter hässlichen Tapeten zutage treten. Die ersten frisch renovierten »historischen Zimmer« sind inzwischen bezugsfertig und machen die Illusion dieser vergangenen Zeiten erst so richtig perfekt: Von der Waschschüssel auf der Jugendstil-Kommode bis zur freistehenden Badewanne mit herrlich bequemem Rückenschwung – die gesamte Einrichtung ist authentisch und bis ins Detail ausgeklügelt: Abends betätigen wir einen Porzellanlicht-

schalter, um unsere noch mit Kohlenfaden bestückte Glühbirne zum Erlöschen zu bringen, morgens nehmen wir den Weckruf an einem stiefelkartongroßen Fernsprechapparat entgegen. Wer zu spät bucht oder den geringen Aufpreis scheut, schläft zwar weniger schön in einem noch nicht umgestalteten Standardzimmer, genießt aber trotzdem wie jeder andere Gast zwei liebenswürdige Ideen seiner Gastgeber: das Tagebuch auf dem Nachttisch, in dem man eigene Erlebnisse festhalten und die besten Wünsche früherer Gäste nachlesen kann, sowie einen altmodischen Feldstecher zum »Fernsehen« auf den See oder die Berge. Sollte einem trotzdem einmal die Zimmerdecke auf den Kopf zu stürzen drohen, dann gibt es im Paxmontana immer noch genügend anderes zu entdecken. »Fast jeder Raum sowie unser Blumen- und Kräutergarten sollen jedem Gast zu fast jeder Zeit zur Verfügung stehen«, lautet eine Devise des Direktorenpaars, von der auch die vielen Tagesbesucher profitieren, die sich das Paxmontana gern in seiner ganzen Pracht anschauen dürfen – auf Wunsch und nach Anmeldung sogar mit fachkundiger Führung.
Lebendig und spannend präsentiert sich auch die Gästeschar: An einem einzigen Abend zählten wir im Speisesaal zwei englische Busreisegruppen, drei Teams einer Oldtimer-Rallye, die gesamte Mittelstufe von Lausannes vornehmstem Internat, eine Managerrunde in Klausur sowie jeweils eine Handvoll Architekturtouristen, Jungfamilien, Pärchen und Pilger. Was Letztere ins Paxmontana zieht, ist schnell erklärt: Vor mehr als 500 Jahren lebte in der Schlucht direkt unterhalb des Hotels Bruder Klaus – ein zehnfacher Familienvater, Bauer, Richter, Hauptmann, Einsiedler und gottesfürchtiger Weiser, der als erster und bislang einziger Schweizer heiliggesprochen wurde. Zudem führt an dem einstigen Wohnhaus des christ-

lichen Mystikers auch noch der legendäre Jakobsweg vorbei. Gleich zwei fromme Gründe also, sein Nachtgebet mindestens einmal im Leben im Paxmontana zu sprechen. Doch auch weniger Gläubige finden rund um das Hotel ein paar paradiesische Plätzchen. Zum Beispiel die Alp Älggi, eine in fünf Stunden erwanderbare Gebirgsalm, die zugleich der geografische Mittelpunkt der ganzen Schweiz ist.

Alle, die lieber nur in der Nostalgie schwelgen, können im Hotel das »Paxmontana-Picknick-Package« buchen. Ausgestattet mit einem Korb kalter Köstlichkeiten und heißen Kirschkernsäckchen gegen aufkommende Kühle, wird man sie auf eine verwunschene Blumenwiese geleiten und sie dort mit einer Picknickdecke sich selbst überlassen. Auch das hat eine lange Tradition. Denn schon während der ersten Glanzzeiten des Hauses schätzten die luxusliebenden Herrschaften

die Abwechslung, die so ein Mahl unter freiem Himmel mit sich brachte. Statt Körbe gab es damals aber noch Kutschen, die vor der Abfahrt mit Champagner und Canapés gefüllt wurden, und statt der heißen Kirschkernsäckchen eimerweise Eis zum Kühlen von edlen Getränken und erhitzten Gemütern. Um die Jahrhundertwende gab es noch gar keine Tiefkühlgeräte, sagen Sie? Richtig, aber es gab noch wirkliche Winter und dienstbare Geister, die während der kalten Jahreszeit hinunter an den zugefrorenen Sarnersee geschickt wurden, um große Eisblöcke herauszuschlagen und nach oben zu transportieren. Monatelang lagerte die nasskalte Pracht dann in einem Keller, der zwischen Hotel und Garten in den Berg gegraben war. Nicht weit von dieser Stelle entfernt haben die Küttels vor kurzem eine kleine Kneipp-Anlage errichten lassen – eine ziemlich coole Angelegenheit und ein weiterer Beweis dafür, dass die neuen Zeiten im Paxmontana ebenso altmodisch wie erfrischend sind.

Pergola Residence

ALGUND/MERAN, ITALIEN

»Einbettung in die Natur« hat die Homepage versprochen. Dass man aber inmitten der Weinberge den Hoteleingang kaum findet – damit hätten wir nicht gerechnet … Eine geschlagene Viertelstunde lang kurven wir durch das Winzerdörfchen Algund: Berg rauf, Steilhang runter, ab durch den nächsten Laubengang und aufgepasst, dass man nach der kommenden, kaum einsehbaren Kurve nicht mit einem traubenbeladenen Traktor kollidiert. Links und rechts der Straßen, die eigentlich nur einspurige, am Fels endende Wege sind, nichts als Weinstöcke, Wanderer und Hotels, die »Hilde« heißen, »Martha« oder »Monika« und die ein Lifting dringend gebrauchen könnten.

»Hier soll sich also eines der hipsten Häuser Südtirols verstecken?«, fragt der Fotograf.
Und dann entdecken wir schließlich doch noch die hohe Steinmauer mit der dezenten Garageneinfahrt und dem darüberliegenden zweigeschossigen Flachbau aus viel Glas und noch mehr hellem Holz. Kein Geringerer als der Südtiroler Stararchitekt Matteo Thun hat die kleine Hotelanlage erdacht und erbaut – und ist mit seiner konsequenten Modernität auf großen Widerstand gestoßen. Dabei hat Thun nichts anderes getan, als alte Traditionen neu zu interpretieren: So wie der Wein hier schon seit Jahrhunderten auf künstlich angelegten Terrassen wächst, ist auch das Hotel terrassenförmig angelegt. Und wenn man

genau hinschaut, erkennt man, dass die kühnen Holzkonstruktionen im Grunde nur die Stützen der Weinstöcke und die vielen Laubengänge in der Umgebung nachahmen. Inzwischen haben sich die einheimischen Kritiker jedoch wieder beruhigt und gestehen der Inhaberfamilie Innerhofer sogar jenen Visionismus zu, der dem Südtiroler Tourismus guttut. Individueller, edler und moderner sollte ihr Hotel werden. Und es sollte eine neue, jüngere und besserverdienende Klientel ansprechen, die die Region bislang als Senioren- und Busreisedestination abgetan und auf ihrem Weg in den Süden links liegengelassen hat.

Die Pergola Residence ist eine Mischung aus Apartmentanlage und Luxushotel mit gerade einmal zwölf suitenähnlichen, 60 Quadratmeter großen Zimmern und dazugehörigen 40 Quadratmeter umfassenden Terrassen.

Wer will, fühlt sich darin wie in einer schicken Ferienwohnung, kocht in der eigenen, separaten Küche und genießt ein Maximum an Freiheit. Wer nicht will, fühlt sich eben wie in einem feinen Designerhotel, frühstückt mit den anderen Gästen in einer Stube, die zwar »Lounge« heißt, aber trotzdem mit hölzernem Boden und lodenbezogenen Sesseln aufwartet, nimmt sämtliche Serviceleistungen des Housekeepings in Anspruch und bestellt sich abends das Essen auf die private Terrasse oder in die garantiert herrgottswinkelfreie Essecke seines Wohn- und Schlafgemachs.

Und wer heute noch nicht so genau weiß, was er morgen will, entscheidet sich einfach spontan und jeden Tag aufs Neue. Für das eine. Für das andere. Oder für eine Mischform aus beidem.

Nur zu oft hat sich der heutige Hotelier Josef Innerhofer in seinem früheren Leben als Vielreisender selbst über feste Tischzeiten und vorgegebene Menüfolgen beim Hotel-Abendessen geärgert. Dies alles ist in seiner Pergola Residence daher abgeschafft – und das bewirkt ein ganz neues Urlaubsgefühl, das beim À-la-Carte-Frühstück im Haus anfängt und beim mitternächtlichen Freiluftmahl mit selbstgekauftem heimischem Wein sowie marktfrischen Antipasti aus dem nur wenige Minuten entfernten Meran endet.

Was dazwischen liegt? Zum Beispiel einer der legendären sommerwarmen Südtiroler Herbsttage mit ein paar morgendlichen Längen im gegenstrombetriebenen Pergola-Pool, einer kurzen Weinbergswanderung am Vormittag und einem Bummel durch Meran irgendwann danach – zwischen Saunabesuch und Sonnenuntergang. Oder aber eine ganztägige Bergtour, die vor der Haustür zwischen Weinstöcken und Palmenhainen beginnt und jenseits der Baumgrenze aufhört.

Und wem all das zu viel Outdoor-Aktivität ist, der wird kein Problem damit haben, einen Tag lang durch die Residence zu wandeln und dabei an allen Ecken und Enden Thuns originelle Architekturdetails zu entdecken.

»Der Gast bestimmt, was in seinem Urlaub getan und gelassen wird, und nicht der Hotelier«, lautet die Devise von Direktor Josef Innerhofer. Und recht hat er!

Schloss Elmau

ELMAU IN BAYERN, DEUTSCHLAND

Ein einsames Vorsteherhäuschen und ein Kassenschalter, dessen Klappfenster sich erst kurz vor jeder Abfahrt öffnet – mehr hat Deutschlands höchstgelegener ICE-Bahnhof nicht zu bieten. Dass die Züge überhaupt hier halten, verdankt das Dorf Klais seiner Lage im bergigen Irgendwo zwischen Garmisch und Mittenwald, unweit der österreichischen Grenze und ganz nah an den großen Fernverkehrsstrecken in Nord-Süd-Richtung. Schnell hat der Hotelbus den kleinen Ort hinter sich gelassen und die Schranke der Mautstraße passiert. Weiter geht es durch ein breites Hochtal mit sanften Hügeln, Wäldern, Wiesen und Bachläufen. Eine Landschaft, die – von den linker Hand nahezu senkrecht in den Herbsthimmel wachsenden Felswänden des Wettersteinmassivs mal abgesehen – an die schottischen Highlands erinnert. Und dann, nach kilometerlangem leichtem Anstieg und einer allerletzten Linkskurve, Schloss Elmau: 1916 errichtet, 2005 fast vollständig abgebrannt, 2007 im alten Stil wiederaufgebaut. Ein Hotel voller Geschichten und Gegensätze. Der wohl augenfälligste: Gegen die nahegelegenen Königsschlösser Ludwigs II. mag es zwar etwas schlicht und sperrig anmuten, als Werk eines protestantischen Theologen und Wanderpredigers wirkt es aber durchaus groß gedacht und glanzvoll ausgeführt.

Theologe? Wanderprediger? Und dazu ein Schloss, das selbst ohne Brandschaden noch keine hundert Jahre alt wäre? Das klingt seltsam und verlangt nach einem kurzen Ausflug in die Vergangenheit des Hauses und seiner Besitzer. Ein »Sanatorium des Geistes« nannte Johannes Müller – der bereits erwähnte Theologe und Wanderprediger – den Bau, den er einst mit Hilfe von Geldzuwendungen einer reichen Gräfin errichten ließ. Hinter dessen stattlichen Mauern widmeten sich Müller und seine Anhänger der Überwindung einer »von egoistischen Interessen manipulierten Bewusstseinskultur«. Oder, um es einfacher zu sagen: Es ging um eine neue Form von Gemeinschaft – und irgendwie auch um modernen Tanz, um klassische Konzerte, nach denen nicht applaudiert werden durfte, und außerdem noch um Saaltöchter, die morgens singend durch die Flure zogen.

Eine reichlich esoterische Angelegenheit also, mit eigenartigen Regeln und ebensolchen Stammgästen. Doch die »alten Elmauer«, zu denen auch der inzwischen verstorbene Ex-Bundespräsident Johannes Rau sowie der Jahrhundertkomiker Loriot zählten, wurden eben auch nicht jünger. Sie starben weg, kamen seltener, ließen immer häufiger immer mehr Betten leer stehen … Im achten Jahrzehnt seines Bestehens befand sich Schloss Elmau plötzlich in der Krise, aus der nur einer die Hotellegende wieder hinaus-

führen konnte: Dietmar Müller-Elmau, Familienmitglied der dritten Generation und zu Millionen gekommener Software-Unternehmer auf Sinnsuche. 1996 unterschrieb er einen Pachtvertrag über zwanzig Jahre. Kurze Zeit später schmückte er Schloss Elmau bereits mit dem Prädikat »Cultural Hideaway & Spa«, und im Konzertsaal des Hauses traten plötzlich auch Jazzmusiker wie Herbie Hancock oder Chick Corea auf. Das Publikum wurde wieder jünger und internationaler, das Symposiumsangebot relevanter.

Peter Sloterdijk stellte im Schloss Elmau seine vielbeachteten »Regeln für den Menschenpark« auf. Nobelpreisträger, Politiker, Philosophen und Wirtschaftsgrößen diskutierten vor einer bunt gemischten Zuhörerschaft aus Hausgästen im Bademantel, geladenen Journalisten und extra angereisten Experten über Themen wie Globalisierung oder Fremdenfeindlichkeit. Und außerdem fing man an, spezielle Kinderliteraturtage und Abenteuerferien-Programme für die Kleinen zu organisieren. Die Resonanz war unglaublich – mitunter waren mehr als 150 Kinder (plus Eltern) gleichzeitig zu Gast.

Und dann kam das Feuer. Drei Tage lang loderte es immer wieder neu auf. Die Flammen zerstörten den Dachstuhl. Das Löschwasser ließ die Decken schwer werden und die Böden aufquellen. Die Folge waren Abriss und Zwangsoptimismus: »Im Grunde genommen ist das Feuer ein Glücksfall«, stellte Dietmar Müller-Elmau nur wenige Tage nach der Katastrophe fest, bei der es glücklicherweise

keine Schwerverletzten gab. Und er schwärmte vom Neubeginn und davon, dass er seine Umgestaltungspläne nun noch schneller durchführen könnte. Fast zwei Jahre wurde dann an dem Schloss gebaut. Ein paar wenige Gäste konnten in dieser Zeit im unbeschädigten Westflügel und dem benachbarten Müllerhaus untergebracht werden.

Seit dem 2. Juli 2007 erstrahlt Schloss Elmau wieder in neuem altem Glanz. Stammgäste von damals, die heute durch die Säle, Gänge und Gesellschaftsräume flanieren, werden kaum bemerken, dass sich hier irgendetwas verändert hat, denn alles wurde originalgetreu wiederaufgebaut. Lediglich in den Zimmern, deren Anzahl sich im neuen Schloss nahezu halbiert hat, werden sie sich künftig noch wohler fühlen. »7 mal 6« – also sieben lichtdurchflutete Meter Breite und nur noch sechs Meter Raumtiefe – heißt die neue Formel des Schlossherrn für die Standardzimmer (Üblich sind vier mal neun Meter – selbst im Fünfsternebereich). Neu dazu kommt ein Badehaus am östlichen Ende des Schlossgeländes mit großem Hamam, Medical Spa sowie diversen Saunen, Behandlungsräumen und Pools. Zutritt haben hier nur Erwachsene. Wer mit seinen Kindern planschen und schwitzen möchte, kann dies ganz ungestört und bei voller Lautstärke im 1500 Quadratmeter großen Familien-Spa im Hauptgebäude tun. Und wer es ganz traditionell mag, darf natürlich auch weiterhin das spartanische Saunahaus samt Liegewiese und direktem Bergbachzugang nutzen. Seltsam nur, dass man dort unten inzwischen schon mehr neue als alte »Elmauer« trifft. Aber vielleicht lässt es sich im neuen luxuriösen Ambiente einfach nur viel besser an der »Überwindung einer von egoistischen Interessen manipulierten Bewusstseinskultur« arbeiten …

Seiser Alm Urthaler

SEISER ALM, ITALIEN

Landschaft, Lage, lange Abende am offenen Kamin … Es gibt viele gute Gründe, warum wir das Seiser Alm Urthaler für ein empfehlenswertes Hotel halten. Beginnen wollen wir unsere Aufzählung mit dem Stichwort »strahlenfrei strahlen können«, dem *unique selling point* dieses ersten Holz-Hotels der Alpen, das ganz ohne chemische Schadstoffe und Elektrosmog auskommt. Klingt schwer nach Birkenstock-Sandalen und selbstgestrickten Socken? Das fanden wir vorher auch, mussten unsere sämtlichen Vorurteile dann jedoch gleich nach dem Einchecken über den Steilrand des Seiser-Alm-Hochplateaus werfen. Denn dieses Hotel ist zwar öko, es ist aber auch designt – und das von so bekannten Händen wie denen des Licht-Impresarios Ingo Maurer.

Errichtet wurde das Seiser Alm Urthaler in leimfreier Holzbauweise. Bei dieser Methode werden verschiedene heimische Hölzer – während bestimmten Mondphasen gefällt und geschnitten – zu kompakten Balkenstrukturen aufeinandergeschichtet. Felsenfesten Halt bekommt die so entstehende Fachwerk-Konstruktion dann durch staubtrockene Holzdübel. Wenn die restfeuchten Balkenelemente zusammengesteckt werden, quellen die Dübel auf und sorgen auf diese Weise für die nötige Spannung. Was Sie sich nun noch dazudenken müssen, sind: Lehmwände, hinter denen die Heizungsrohre liegen und die angenehm ofenartig die Wärme in den Raum abgeben; über zwei Meter lange, allergenfreie Naturkautschukmatratzen, die für guten Schlaf sorgen, Elektro- und Wasserleitungen, die allesamt außerhalb der Zimmer verlaufen, und – ganz wichtig – einen alles ausschaltenden Netzschalter in jedem Zimmer, der »strahlenfrei strahlen können« auf Knopfdruck möglich macht.

Wenn Sie all das für reichlich übertrieben und erschreckend esoterisch halten, dann glauben Sie uns einfach, dass die in warmen Naturfarben gestrichenen Zimmer mit den maßgefertigten hellen Holzmöbeln und den hinter durchscheinendem Milchglas verborgenen Bädern außerdem noch sehr hübsch aussehen und allein deshalb schon den Aufenthalt wert sind.

Doch begeben wir uns nun vom Zimmer in den Zen-Garten – unseren Lieblingsort zum leichtbekleideten Lustwandeln nach einem Besuch in der Panorama-Sauna. Barfuß durch eine Teichlandschaft, über kleine Holzstege, glatten Fels, Grasbüschel und Kieselsteinchen schreiten – auch das hat zugegebenermaßen etwas Spirituelles, aber auch etwas Simpel-Sinnliches. So wie überhaupt der ganze Wellnessbereich des Hauses erfrischend unprätentiös daherkommt: Das Zentrum des »Antermoia – Beauty, Sport & Bath«-Areals bilden zwei miteinander verbundene Innen- und Außenbecken aus kühlem, rostfreiem Stahl, in denen man nicht nur baden kann, sondern tatsächlich ausreichend Platz zum Schwimmen hat. Dazu kommen ein Dampfbad, die bereits erwähnte Panorama-Sauna sowie diverse Massage- und sonstige Behandlungskabinen, in denen mit Bergkräutern oder Apfelbädern verjüngt und verwöhnt wird. Außerdem erwähnenswert ist der hoteleigene, 200 Quadratmeter große Health-Club im Untergeschoss, der mit seinem Raum- und Geräteangebot so manches städtische Fitnessstudio in den Schatten stellt. Doch wie hervorragend der Keller auch ausgestattet sein mag: Warum unten auf einem Standrad strampeln, wenn oben, direkt vor der Hoteltür, Europas größte Hochalm wartet?

Und damit gleich zum nächsten Schauplatz und zu einem weiteren, 1800 Meter über dem Meeresspiegel gelegenen Höhepunkt dieser Geschichte: der Seiser Alm, die diesem Hotel einen Teil seines Namens und seiner Geschichte gab.

Wer mit dem eigenen Wagen auf das 70 Quadratkilometer große Dolomitenplateau hinauf will, muss entweder sehr früh aufstehen oder aber Hotelgast sein. Punkt neun Uhr wird nämlich die Schranke am Eingang des Naturparks Seiser Alm für den Individualverkehr geschlossen. Weiter kommt man dann nur noch mit dem Linienbus, oder aber man schwebt mit einer der vier Gondelbahnen ein, die unten im Tal in den Ortschaften Seis am Schlern, St. Ulrich, St. Christina und Kastelruth starten.

Diese selbstauferlegte Zufahrtsbeschränkung hat die angenehme Folge, dass nur ein einziger Parkplatz am Anfang des Erholungsgebiets die Landschaft verschandelt. Außerdem begegnet man auf der Asphaltstraße zwischen den beiden Seiser-Alm-Dörfchen Compatsch und Saltria so gut wie gar keinen Autos. Das sind beste Voraussetzungen zum Wandern, Biken, Rollerbladen, Kutschefahren oder Reiten.

Und natürlich auch für den Wettkampfsport: Immer wieder dient die Seiser Alm als Trainingsquartier für Nationalmannschaften aus aller Welt. Kurz vor den Olympischen Spielen von Turin brachten sich hier zum Beispiel die Langlauf-Equipen von Schweden, Amerika, Polen, Tschechien und der Slowakei in Höchstform. Und auch während unseres Aufenthaltes

im sonnenreichen Spätherbst mischte sich so mancher Spitzensportler unter all die munteren Wandersleut' und Radler. Doch ganz egal ob Ausnahme- oder Alltagsathlet: Was die Seiser Alm für alle so attraktiv macht, ist ihre besondere Lage auf einem Hochplateau. Wer will, kann sich im gesunden Reizklima zwischen 1800 und 2200 Höhenmetern tagelang auf nahezu flachem Gelände fortbewegen. Oder aber er startet von hier aus in hochalpine Lagen. Insgesamt steht ein Wander- und Radfahrwegenetz von mehr als 300 Kilometern Länge in allen Schwierigkeitsgraden zur Verfügung.

Wenn man dazu noch im Seiser Alm Urthaler wohnt, beginnt und endet fast jede Tour vor dem eigenen Balkonfenster. Und das zu Zeiten, in denen einem die Landschaft und die Ruhe da draußen ganz allein gehören, weil die Tagestouristen entweder noch nicht oben oder schon wieder mit der letzten Gondel Richtung Tal entglitten sind.

Da sitzt man dann mit der ersten Tasse Cappuccino auf der Terrasse oder mit einem Digestif am offenen Kamin der Onyx-Bar, schaut auf Blumenwiesen, Weiden oder schroffe Gipfel und weiß diesen Moment, in dem es sich so »strahlenfrei strahlen lässt«, ganz besonders zu schätzen.

Therme Vals

VALS, SCHWEIZ

Zugegeben, der Weg hinauf ist hart, haarnadelkurvig und handtuchschmal. Und wenn sich rechts neben der Beifahrertür kilometerlang nichts anderes als leitplankenfreie Tiefe auftut, kann es einem ganz schön übel werden. Aber deshalb gleich auf einem Helikopter bestehen? Bei allem Hang zur Theatralik – da übertreiben Sie ein wenig, Madame. Abgehobenheit kommt hier oben, auf 1250 Höhenmetern, nämlich gar nicht gut an. Bei den 960 Einheimischen nicht und bei der Frau Hoteldirektorin erst recht nicht. Denn man mag sich zwar am hintersten Ende Graubündens

befinden, ein hinterwäldlerischer Haufen, der sich von solchen Attitüden beeindrucken lässt, ist man dennoch nicht. Im Gegenteil! Man ist selbst wer – und noch dazu weltberühmt. Das ist der Felsentherme zu verdanken und dem Mann, der sie erbaut hat: Peter Zumthor, Architekt – und noch ein wenig berühmter als die Therme. Doch lassen Sie uns dieses Lustspiel für die Sinne nun Akt für Akt durchspielen.

Akt I: In felsgrauer Vorzeit. Wir schreiben das Jahr 1672 und lesen in der *Rhetischen Chronica*, dass es in Vals ein »gsund Bad-Wasser« gibt für Leute, die »das kalt Wehe« haben. Doch es vergehen weitere 201 Jahre, bis die heilbringende Wirkung der einzigen Kantonstherme dank der Wiener Weltausstellung auch über das Verbreitungsgebiet der Tal-Postille hinaus bekannt wird. Im folgenden Jahrhundert plätschert man so vor sich hin, versinkt im Sumpf von zwei Weltkriegen, erwacht zu neuem Leben und badet im Erfolg des Wirtschaftswunders. Nach dem Boom des Valser Badetourismus in den 1970er Jahren ist die Therme 1983 pleite und die Dorfgemeinschaft der letzte Rettungsanker. Und diese beschließt das Größenwahnsinnige: einen Bäderneubau im Berg, 22,4 Millionen Franken teuer und von dem Stararchitekten Peter Zumthor so kompromisslos erdacht, dass seine Pläne weder Badepilz noch Wasserrutschen dulden. 1986 erhält Zumthor den Auftrag, 1996 wird die neue Therme eröffnet.

Akt II: Baden im Hier und Jetzt. Ein schnurgerader Gang mit dunkler Wasserwand auf der einen und schweren schwarzen Ledervorhängen auf der anderen Seite, dahinter ein Ambiente, in dem man sich gern die Blöße gibt: Umkleiden, die an Schiffskabinen erinnern, so hochglanzpoliert und Luxusliner-anmutend erscheinen ihre Mahagonispinde und Messingbeschläge. Dann ein weiterer Vorhang und schließlich das Bad: Allerheiligstes für Architekturtouristen und Ästheten aus aller Welt. Ein Ort der Stille und des Staunens, der den Atem raubt und die Augen weitet. Andächtig wandelt man durch diese Traumkulisse, entdeckt dunkle Badehöhlen und riesige, dem Tal zugewandte Fensterfronten, folgt schmalen Leuchtpfaden aus gefilterten Sonnenstrahlen und verliert sich in einem Freiluftbecken, aus dem in grobe Fetzen gerissene Dunstschleier emporsteigen. Feuchten Fußes sinkt man anschließend in die Ringelblumengrotte – ein Gedicht aus Licht, schwebenden Blütenblättern

und Wasser. Oder man kämpft sich durch die drei Dampfkammern, die mit jedem Schritt in Richtung Schwitzstein heißer, feuchter und unheimlicher werden. Auf jeden Fall muss man sich diese Therme erobern, denn überdimensionierte Hinweisschilder, wie in anderen Anlagen üblich, sucht man in Vals vergebens. Stattdessen findet man nur sehr dezent platzierte Täfelchen mit so vielversprechenden Aufschriften wie »Feuerbad 42°«, »sounding stones« oder »Trinkstein«. Für Profanes ist eben kein Platz in Zumthors schöner Wasserwelt – und doch macht es sich in Form von bunten Handtüchern und zum Trocknen aufgehängter Badebekleidung überall breit.

Natürlich hat man es hier nicht auf Uniformität abgesehen, und man will auch nicht zur FKK-Zone werden – doch an diesem Ort sollten eigentlich alle nackt sein und nur einheitlich grüngraue Badelaken verwenden. Der Anblick wäre einfach harmonischer, und beim Flanieren über den zehenschmeichelnden Quarzitstein würde kein Fleckchen fremd anmutender Farbe mehr ablenken von der hohen Architekten- und Handwerkerkunst.

Eine Etage tiefer, in der Unterwelt der Therme, werden derweil in klösterlicher Isolation und Kargheit diverse Wellnessbehandlungen angeboten: Thalasso zum Beispiel oder das aus Hawaii stammende Lomi-Lomi.

Doch es geht auch naheliegender – bei einer Wassermassage im 30 Grad warmen und mineralienreichen Lebenselixier der Therme.

Akt III: Vom Paradies ins Provisorium. Irgendwann hat man den höchstmöglichen Grad der Erholung erreicht, und bevor die Haut nur noch ein aufgeweichtes, eingeschrumpeltes Häufchen Elend ist, sollte man der Felsentherme entfliehen und in den höhergelegenen Hotelgefilden sein Glück suchen. Wirklich glücklich schätzen können sich allerdings nur die Bewohner der insgesamt vierzig »Provisorien«. Ihre Gemächer wurden vom Meister höchstpersönlich auf den neuesten Stand gebracht. Wie so ein Zumthor-Zimmer aussieht? Sehr clean, sehr schick und sehr perfekt – mit einem weißgestrichenen Zementboden, schwarzen, selbst entworfenen Schleiflackmöbeln sowie diversen Designklassikern. Arne Jacobsen hier und Mies van der Rohe da, Le Corbusier eine Tür weiter und Jasper

Morrison am Ende vom Gang: Kein »Provisorium« ist wie das andere eingerichtet, und doch trägt jedes die gestrenge Handschrift seines Schöpfers.
Aber auch eine Kategorie tiefer ist der Zumthor'sche Einfluss noch erkennbar: »Selva Stucco« heißen jene zwölf bereits deutlich unaufwendiger renovierten Zimmer im »Vorderhaus«. Rot, Gelb oder dunkles Blau sind hier die vorherrschenden Farben. Dazu kommen schokobraune Holzböden und eine zum Schlafraum hin offene Dusche. Sehr viel einzigartiger und darüber hinaus sogar richtig retro residiert der Gast in den unrenovierten Standardzimmern. Diese an Schiffskojen erinnernden, winzig kleinen Räume sind auf sämtliche den Hotelkomplex bildende Plattenbauten aufgeteilt und stellen ein Musterbeispiel für den Schrankwand-Wahn vergangener Dekaden dar. Wer alle drei Zimmerkategorien gesehen hat, wird verstehen, dass Annalisa Zumthor, Hoteldirektorin und Gattin des Toparchitekten, ihre Therme leicht überspitzt »ein schillerndes Null- bis Fünfsternehotel« nennt. Wie erfolgreich die Quereinsteigerin, die früher in der Behindertenarbeit tätig war, tatsächlich ist, beweist ein Blick in die Lobby: Die alten Tüllvorhänge raus, ein paar neue Sofas rein, und plötzlich war der alte Mief verschwunden. Doch mit dem neuen Flair kamen auch neue Gäste – und die wollten weder Kurkonzerte am Nachmittag noch Schonkost zum Abendessen. Also organisierte Zumthor DJ-Sessions und Jazz-Soireen, Lesungen zeitgenössischer Autoren und Konzerte, die das Wort *unplugged* im Titel tragen. Und sie engagierte ein neues Küchenteam, dem sie so viel kulinarische Freiheit ließ, dass es gleich 14 Gault-Millau-Punkte erkochte. Mandelmilchsüppchen mit Safran steht seitdem auf der Karte. Oder Rondelle vom Pulpo mit Oliven-Pannacotta. Und zum Dessert verbrühte Kugeln mit gebrannter Crème und Rötelischaum.

Zeit für den Schlussapplaus, finden Sie? Nun Gnädigste, nach Käse und Espresso öffnet die Therme noch einmal für ein paar Stunden ihre Pforten: Nachtbaden nur für Hotelgäste ist dann angesagt. Wobei »angesagt« das falsche Wort ist, denn Sprechen ist streng verboten an diesen Abenden. Erst danach hätten Sie wirklich Grund zum Jubilieren. Oder auch nicht, denn die da oben kommen ja auch ohne Sie ganz gut zurecht.

Villa Verdin

MILLSTATT AM SEE, ÖSTERREICH

Keine Minute ist es her, dass wir Millstatts schnurgerade Hauptstraße rechts liegengelassen haben. Hinter uns verschwinden die herzlosen Hotelkästen und hunderte Hinweisschilder auf »Kaffee im Kännchen« und »Schnitzel zum Schnäppchenpreis«. Vor uns erstrecken sich ein kleiner Park, knirschender Kies und ein Spalier aus wildwucherndem Buschwerk. Und am Ende der Auffahrt lockt ein strahlend weißes Zuckerbäckerschlösschen, das gerade damit beschäftigt ist, auf der spiegelglatten Oberfläche des Millstätter Sees mit den umliegenden Bergen um die Wette zu funkeln.

»Willkommen in der Villa Verdin«, begrüßt uns Gianni, einer der beiden Hausherren. Zusammen mit seinem Lebenspartner Tom hat er das Haus vor vier Sommern gekauft und so herrichten lassen, wie man es hier, im konservativen Kärnten, kaum erwarten würde. Denn in der Villa Verdin trifft der röhrende Hirsch an der Wand auf die glitzernde Disco-Kugel an der Decke und der alpenländische Herrgottswinkel auf das asiatische Buddha-Ensemble.

»Lauter Lieblingsstücke«, erklären die *direttori*. »Manche eingesammelt, andere zugelaufen. Kein einziges jedoch ohne seine eigene bewegte Vergangenheit.« Erlaubt ist, was dem umtriebigen Besitzerpaar gefällt und die Besucher an ihre wilden WG-Jahre oder an Pippi Langstrumpfs Villa Kunterbunt erinnert. Doch die Villa Verdin ist weder Herberge für Berufsjugendliche noch Kommunenersatz für übriggebliebene Altachtundsechziger.

Stattdessen begegnet man in dem ebenso hippen wie heimeligen Hideaway Münchner Moderedakteuren und Mailänder Kunsthändlern, Wiener Werbeleuten und all den anderen urbanen Erfolgsmenschen, die sich in ihren coolen Designer-Lofts ab und zu nach ein bisschen rustikaler Romantik sehnen. Und so präsentieren sich auch die Schlafgemächer dieses Minihotels in einer Mischung aus angesagtem Shabby Chic und ausuferndem Spieltrieb: mal apfelgrün gelackt, mal mit Zebrafell bespannt, hier komplett in Orange gestrichen und dort mit schrägen Fifties-Fauteuils ausgestattet …

Links, rechts, rechts, dann wieder links und schließlich eine kleine Treppe hinauf: Durch ein Labyrinth verwinkelter und mit Bildern befreundeter Maler geschmückter Gänge tasten wir uns vor in Richtung Turmzimmer. Es ist der schönste Raum des Hauses – und der spektakulärste. Hoch über den mit bunten Ziegeln gedeckten Dächern und Türmchen der Villa gelegen, bietet er nicht nur einen traumhaften 270-Grad-Ausblick, sondern auch ein kitschig-opulentes Orient-Ambiente mit goldglänzenden Wänden und silbernem Lüster. Nur leider gibt es hier oben keine Heizung, weshalb das Tausendundeinenacht-Erlebnis auf ein paar schwülwarme Sommerabende beschränkt ist und der Turm nur von Mai bis Mitte Oktober vermietet werden kann.

Weiter unten, hinter der hauseigenen Badewiese und vor dem Panorama der gegenüberliegenden Berge, kippt die Sonne gerade ihre letzten Eimer Purpur in den Millstätter See. Es ist die Zeit der blauen Stunde und der campariroten Cocktails. Französische Chansons und spacige Loungemusik dringen jetzt aus dem Wintergarten herüber, und im Speisesaal werden

auf den mit buntem Flohmarktgeschirr gedeckten Tischen die ersten Kerzen angezündet.
»Einfache regionale Küche aus dem italienisch-slowenisch-österreichischen Dreiländereck«, so lautet das Motto von Küchenchef Tom. Und das, erklärt der kulinarische Autodidakt, bedeutet: »von allem ein bisschen und davon nur das Beste«. Die meisten Zutaten für die mitunter recht fantasievollen Kreationen stammen von benachbarten Bio-Bauernhöfen. Nur für Käse, Wurst, Schinken und Antipasti macht sich Tom

zweimal pro Woche auf den Weg ins nahe Udine.
Die Mehrzahl der Gäste des Verdin weiß dieses unkomplizierte Küchenkonzept zu schätzen. Wer will, wählt seine Speisen direkt aus dem Kochtopf, schaut beim Aperitif noch schnell am Herd vorbei und diskutiert den ein oder anderen Sonderwunsch direkt an Ort und Stelle, in der Küche.
Für alle, die den Empfehlungen des Maestros an diesem Abend folgen wollen, steht Steinpilz-Carpaccio auf dem Menü. Danach Fenchelcremesuppe, Rigatoni al Ragù della Mama sowie als Hauptgang Millstätter Almrind oder gefülltes Brathuhn. Einzig und allein der Apfelkuchen zum Dessert gilt noch als Wackelkandidat und ist daher auf der handgeschriebenen Karte mit dem Zusatz »im Entstehen« versehen.
An manchen Tagen wird das Abendessen von einer Weinprobe begleitet, bei der österreichische Jungwinzer ihre besten Tropfen präsentieren. An anderen Abenden lädt ein Szene-DJ zum Dinner-Dance.
Doch heute ist einfach nur Ausruhen angesagt.
Noch ein allerletzter Schlummertrunk an der kleinen Bar und danach stundenlanges Sternegucken im Turmzimmer.

Erbaut wurde die Villa im Jahr 1884 von Natalie Verdin von Valsivella, einer exzentrischen Wiener Unternehmergattin, die – wie in gehobenen Hauptstadtkreisen damals üblich – den Sommer im eigenen Haus am Millstätter See verbrachte.
Vier Afghanen-Hunde und jede Menge Spleens soll Madame gehabt haben, und noch heute, mehr als hundert Jahre später, erzählen die Einheimischen gerne Geschichten über »die Gnädige« und ihren ausufernden Lebensstil. Einmal, so heißt es, soll die extravagante Dame sogar auf die Idee gekommen sein, das gesamte Treppenhaus mit feinstem Kalbsleder zu tapezieren. Der Aufwand war enorm und ausreichend Rindvieh in der Region kaum aufzutreiben. Das Ergebnis ihrer innenarchitektonischen Ambitionen blieb allerdings weit hinter den Erwartungen zurück und war daher auch nur einen einzigen Sommer lang sichtbar.
Und dann blieb Natalie irgendwann aus und die Villa leer. Die Idee der alpinen Sommerfrische hatte an elitärem Glanz verloren und das eigene Haus am See als Statussymbol ausgedient. Wer es sich leisten konnte, zog weiter Richtung Süden. Und wer jetzt nach Millstatt kam, der suchte zumeist nur eine günstige Übernachtungsmöglichkeit und die heile Welt der damals so beliebten Heimatfilme.
Jahrzehntelang fristete die Villa ein eher bescheidenes Dasein als einfache, von Bustouristen, Kegelclubs und überbuchten Gasthöfen aus der Nachbarschaft in Beschlag genommene Frühstückspension.
Erst Gianni und Tom – der eine damals noch Reederei-Agent in Wien, der andere als Stylist für Modeproduktionen und Werbeaufnahmen in Mailand beschäftigt – erkannten das wahre Potenzial dieses in die Jahre gekommenen Kleinods.
Mit viel Liebe zum Detail und Lust am Improvisieren erweckten sie die Villa Verdin aus ihrem Dornröschenschlaf und verwandelten sie in ein idyllisches und originelles Hotel.
Die kitschige, kreisrunde Sitzgruppe mit dem eingebauten Sonnendach vom Altwarenhändler? »Wurde zum Mittelpunkt der Open-Air-Bar am Seeufer.« Der Kinderwagen vom Sperrmüll? »Dient als mobiles Kissenlager für die Liegen auf der Badewiese.« Und das leerstehende Büro im Erdgeschoss? »Ist heute unser ›Salon Helga‹ und wird von der Exmasseurin der österreichischen Ski-Damen geleitet.«

»Vielleicht haben wir am Anfang, als wir alles für die erste Saison herrichteten, einfach nur aus der Not eine Tugend gemacht. Wir träumten vom eigenen Hotel, aber viel Geld zum Renovieren und Zukaufen hatten wir nicht. So entstand eben dieses außergewöhnliche Sammelsurium an Dingen und Ideen«, erklären Gianni und Tom und erinnern nicht ganz ohne Stolz an ihr erstes Wochenende als Hoteliers: »Eine Hochzeit – das ganze Haus war voll, und wir hatten weder genügend Geschirr noch ausreichend Bettwäsche. Eigentlich eine Katastrophe, doch die Gäste waren glücklich und haben von dem ganzen Durcheinander gar nicht so viel mitbekommen.«
Charmantes Chaos statt unterkühlter Perfektion – dieses (Nicht-)Konzept hat die Villa Verdin zum Erfolg geführt. Denn während dem goldenen Herbst in den umliegenden Hotelkästen eine bleierne Schwere anhaftet, herrscht hier noch wochenlang Hochbetrieb.
Wie gut, dass erfolgreich sein manchmal so einfach ist …

Winter

Alle Jahre wieder und trotzdem stets aufs Neue faszinierend: der erste Schnee in der Winterwunderwelt Alpen! Wattegleich legt er sich über Hänge und Häuser, verdeckt ein paar Monate lang das Alltagsgrau, weckt unsere Sehnsucht nach warmen Abenden am Kamin und eiskalten Tagen auf den Brettern, die den Winter bedeuten.

Almhof Schneider

LECH AM ARLBERG, ÖSTERREICH

Erinnert sich noch jemand an *Bridget Jones*? Teil zwei, die Szenen im Skiurlaub? Ein paar Sekunden lang spielte Lech da die Hauptrolle – auch wenn ihm das so gar nicht lag. Denn Lech ist leise – und sehr diskret. Hierher kommen gekrönte Häupter, um ungestört von Fotografenhorden ihre Skiferien zu verbringen. Oder Stars, die es nicht mehr nötig haben, an jedem Sessellift erkannt zu werden. Und natürlich auch all die großen Familien mit den klangvollen Namen, aber noch nie in der Presse gesehenen Gesichtern.

Für solche Gäste ist das Beste völlig normal und Lech gerade gut genug. Vom Nachbarort Zürs einmal abgesehen, findet man nirgendwo in Österreich mehr Luxushotels pro Einwohner als hier.
Eines davon ist der Almhof Schneider: ein Hotel mit fast doppelt so vielen Suiten wie Zimmern (35:18) und einem Namen, der perfekt zum angesagten und allgegenwärtigen Understatement des Dorfes passt. Denn »almig« mag dieses Haus vielleicht in den Gründungsjahren nach 1929 ausgesehen haben. Heute sind Anblick und Ausstattung hingegen »allerfeinst«.

Nehmen wir zum Beispiel den Skikeller – ein außergewöhnlicher Ausgangspunkt für eine Hoteltour, dafür aber sehr aussagekräftig. Jedem Schlafgemach steht hier unten ein eigenes kleines Wurzelholzkästchen mit integrierter Heizung für zwei Paar Skistiefel zur Verfügung. Und dank einer bequemen Sitzgelegenheit in Form eines kreisrunden Kuhfell-Puffs entfällt beim morgendlichen Wechsel des Schuhwerks sogar das einbeinige Balancieren in den Überresten der nächtlichen Skischuhschneeschmelze.
Für Gerold Schneider, Architekt, Besitzer und Hotelier in vierter Generation, ist dieses Höchstmaß an Service, gepaart mit gutem Geschmack, selbstverständlich. Als er nach dem plötzlichen Tod seines Vaters im Jahr 1996 aus Wien an den Arlberg zurückkehrte, um seine Mutter bei der Leitung des Almhofs zu unterstützen, war ihm sofort klar, dass das Haus renoviert werden musste. Ein bis zwei Umbau-»Projekte« wurden seitdem pro saisonfreies Sommerhalbjahr realisiert. Mal waren es die Suiten, mal das Spa – und irgendwann war auch der Skikeller dran. Geplant und ausgeführt wurden die Arbeiten von dem Londoner Interior-Profi Anthony Collett. »Ein Mann«, sagt Schneider nicht ohne Bewunderung, »der selbst

Entlüftungsgitter zum Entwurfsthema macht.«
Colletts Perfektionismus und Schneiders Investitionsbereitschaft in Sachen Design haben sich ausgezahlt. Inzwischen gilt der Almhof Schneider als Lechs hipste Fünfsterneherberge und als das Haus mit der jüngsten Klientel im Ort. Besonders im Februar, wenn die Schneeverhältnisse Firnfahren ermöglichen und die halbe Welt Schulferien hat, kommen die Familien aus London, Zürich oder anderen meist europäischen Metropolen. Viele Besucher haben sich im Laufe der Zeit angefreundet und treffen sich jedes Jahr hier oben. Morgens spielt ihr Nachwuchs gemeinsam im eigens dafür hergerichteten Kinderzimmer des Hotels, nachmittags werden die Kleinen von einer der mitangereisten Nannys am Skilift abgeholt, und nachdem sie abends ins Bett gebracht wurden, treffen sich die Erwachsenen zu einem Drink an der silbrig schimmernden Hausbar. Oder sie leihen eine DVD aus und gönnen sich das Privileg einer Privatvorstellung im hoteleigenen, mit schwarzen Wänden und dunklen Samtsofas ausgestatteten Mini-Kino.
»Alpine Cocooning« nennt Schneider diese Abende in seinem Almhof, an denen es ihm und seinen Gästen gar nicht *relaxed* genug zugehen kann. Ähnlich entspannt gestaltet sich später die Nacht im eigenen Zimmer oder der eigenen Suite: Wandverkleidungen und Einbauten aus roher Fichte, dazu ein paar wirklich alte Bauernmöbel, moderne Kunst, edle, naturfarbene Stoffe, ein großes Bett und kleine, feine *goodys* wie die Kosmetikartikel von Kiehl's in dem Badezimmer aus Salzburger Kalkstein – so schlicht und unaufdringlich kann Luxus sein.

Mit Blick auf die wahren Bedürfnisse der Gäste wurde auch das Wellnessareal eingerichtet. Im hinteren Bereich befinden sich ein paar unspektakuläre, aber geräumige Schwitzkammern und Massageräume und davor, als Hingucker und Highlight, ein großes, helles Schwimmbad mit offenem Kamin und freier Sicht auf die Bergwelt. Für die nötige *privacy* von Stammgästen wie der jordanischen Königsfamilie oder dem englischen Thronfolgerpaar sorgen dünne, weiße Vorhänge im Ruhebereich. Auf Wunsch lassen sie sich vorziehen, wodurch einzelne Liegenpaare vom Rest der Wasserwelt abgetrennt werden können. Und für den nicht weniger wichtigen *fun* hängen zwei uralte Turnringe in Greif- und Schaukelhöhe über dem Schwimmbecken. Doch bei allem Drang zum Modernisieren – diese Ringe befanden sich schon im alten Haus an dieser Stelle, und sie werden es auch weiterhin tun.

Gegessen wird im Almhof entweder im großen Speisesaal oder im À-la-Carte-Gourmetrestaurant. Salate sowie die kalten Vorspeisen und das Frühstück werden in Buffetform angeboten – was in einem »richtigen« Almhof zwar akzeptabel sein mag, im Schneider allerdings etwas seltsam und überholt anmutet. Aber zumindest am Morgen lässt sich das lästige Hin- und Herlaufen durch ein lustvolles und erstklassiges Zimmerfrühstück vermeiden.

Nicht nur kulinarisch das absolute Kontrastprogramm ist die wenige Fußminuten entfernte und zum Haus gehörende »Schneggarei«. Gerold Schneider und seine Frau Katia Polletin, die gemeinsam neben dem Hotel auch noch ihr eigenes Architekturbüro betreiben, haben hier, an der Talstation der Schlegelkopf-Bahn, ihre Idee von einer modernen, kitschfreien Skihütte verwirklicht. Gegessen und getrunken wird auf zwei hölzernen Etagen und in einem Ambiente, das sich ebenso *clean* wie *cosy* präsentiert und den beiden Erbauern des Hauses bereits mehrere wichtige Architekturpreise eingebracht hat. Kuhfelldesign an Lampen und Bänken trifft hier auf schlichte Dielen und Planken aus Naturholz.

Wer noch mehr vom Duo Schneider/Polletin sehen will, spaziert von hier aus ans andere Dorfende und bestaunt ihr ebenfalls zum Hotel gehöriges Projekt »Allmeinde« – eine Art cooler Kulturstadl, untergebracht in einer umgebauten Holzscheune, mit wechselnden Ausstellungen, *artists in residence* und viel Platz für Inspiration und Gedankenaustausch.
Ach ja, Skifahren könnte man natürlich auch noch. Wenn man wollte, sogar bis vor die Haustür des Almhofs. Man will aber seltsamerweise viel seltener als vor der Anreise geplant. Und das kann bei 260 Kilometern Traumpiste und weiteren 180 Kilometern im freien Gelände nur am Almhof am Arlberg liegen.

Iglu-Dorf Scuol

SCUOL, SCHWEIZ

Ein letzter Blick zurück, dann stapfen wir mit unseren Schneeschuhen an den Füßen los, im Kopf ein leichtes höhenbedingtes Kribbeln. Hinter uns liegt die Bergstation und die Auffahrt mit der Gondel, vor uns nichts als Schnee, Eis, eine spürbar dünner gewordene Luft und unser Ziel: das Iglu-Dorf Scuol. Obwohl die Wanderung dorthin nur knappe 15 Minuten dauert und der Motta Naluns eher in die Kategorie »Hausberg« fällt, als dass man ihn mit K 2 und Co. vergleichen könnte, fühlen wir uns wie die Teilnehmer einer Extrem-Expedition: eine Nacht bei bis zu 30 Minusgraden – und das in 2146 Metern Höhe! Ohne Zentralheizung, Strom und Federbett, mit nichts als einem Schlafsack zum Wärmen und einem Eisblock als Bettstatt. Für uns der Gipfel an Wagemut. Für die im Tal Gebliebenen glatter Wahnsinn.

Doch man muss weder verwegen noch verrückt sein, um sich unter dem riesigen Schneehaufen mit dem kleinen Loch als Eingang wohlzufühlen. Im Gegenteil. Eigentlich ist es sogar ziemlich gemütlich und gar nicht so unwirtlich in diesem Winterwunderland. Den Mittelpunkt des riesigen Iglus bildet eine – im wahrsten Sinne des Wortes – echt »coole« Bar, die gleichzeitig auch als Rezeption und Restaurant fungiert. Tresen und Tische bestehen komplett aus zusammengepresstem Schnee. Baumstammscheiben unterschiedlicher Durchmesser und Höhen dienen als Hocker und Tischplatten. Dicke Altar-Kerzen stellen die einzigen wärmenden Lichtblicke im ansonsten eher unterkühlten Ambiente dar. Märchenhaft schön und voll mythischer Bedeutung sind die kunstvoll in die Wände und Decken geschnitzten Wellenmuster, Wolkensymbole, Sternzeichen und Sonnenstrahlen. Sie sind das Werk eines Eskimo-Künstlers, der zu Beginn des Winters aus seiner grönländischen Heimat eingeflogen wird, um das Iglu-Hotel zu verschönern, böse Geister zu vertreiben und ein spätes Ende der alljährlichen Eiszeit zu erbeten.

Draußen ist es dunkel geworden, und auch die letzten neugierigen Snowboarder aus dem nahen Skigebiet haben sich inzwischen auf den Weg in ihre wohltemperierten Talunterkünfte gemacht.
Für uns und zwei Handvoll weitere Schneemenschen bedeutet dies entweder raus aus den Daunenjacken, rein in den zur Sauna umfunktionierten Bahnwaggon hinter dem Iglu und danach nackig rauf auf den Berg. Oder aber Decken, Kerzen und Champagnerflaschen schnappen und draußen aus einer der extra zu diesem Zweck in den Schnee gebuddelten Mulden in den funkelnden Sternenhimmel blinzeln. Radikaltour oder Romantiktrip – ganz egal, wofür man sich auch entscheidet, Hauptsache, man schafft es, pünktlich zum Käsefondue wieder auf seinem Baumstammhocker Platz zu nehmen. Denn nach so einem Tag auf dem

Berg hat man Appetit und langt kräftig zu – selbst dann, wenn es nichts anderes als in geschmolzenen Greyerzer, warmen Wein und jede Menge Kirschwasser getunkte Brotstücke gibt. Mitunter, erklärt uns Roland, geschäftsführender Iglu-Gastgeber im Winter und Tauchlehrer während der Sommersaison, dauere so ein Abendessen bis tief in die Nacht. Vor allem dann, wenn sich größere Gruppen angemeldet haben oder dem Einzelnen die Furcht vor seiner eiskalten Schlafhöhle mit ein paar Extra-Schnäpsen genommen werden muss. Echte Platzangst muss in den neun Iglu-Kojen, die sich schneckenhausartig um einen Gang bei der Bar gruppieren, zwar keiner haben. Zum Aufrechtstehen reicht der Raum aber nicht. Dafür liegen wir auf den fellbedeckten Eisbetten ganz bequem – und ohne uns, wie im Vorfeld befürchtet, vorzukommen wie Tiefkühlfischstäbchen in der Verpackung.

Freunde und Familien können »Schneesäle« für vier bis sechs Personen mieten. Für Paare (im Iglu-Dorf sollen sogar schon Honeymooner abgestiegen sein!) gibt es vier Romantik-Höhlen mit herzverzierten Wänden und Partnerpolarschlafsäcken. Dass es selbst hier in der Nacht nicht wirklich heiß hergeht, liegt übrigens nicht an den frostigen Temperaturen, sondern an der Tatsache, dass so ein Iglu weder außen noch innen über Türen verfügt.

Der nächste Tag beginnt früh und nur mit einer Tasse Kräutertee, die einem aber immerhin an den Schlafsack serviert wird. Für weitere, dringende Bedürfnisse steht der »Schneethron«, ein ins Eis versenktes Chemieklo, zur Verfügung. Gefrühstückt wird in der Bergstation, geduscht erst wieder in der Pension im Dorf.

Noch ein paar Stunden Iglubau-Kurs, Schneeschuhwandern, Schlittenfahren oder einfach nur die Ruhe rund ums Iglu-Dorf genießen, dann werden wir mit der Gondel wieder Richtung Tal gleiten.
Obwohl wir nur eine Nacht weg waren, wird uns die Zivilisation dort unten eiskalt erwischen. Und irgendwie wird uns bei dem Gedanken schon wieder warm ums Herz …

Intercontinental Berchtesgaden

BERCHTESGADEN, DEUTSCHLAND

■ Zugegeben, es klingt komisch, aber für dieses Hotel wünschen wir Ihnen schlechtes Wetter. Nicht unbedingt Ihren ganzen Aufenthalt lang. Ein Tag Regen (oder besser noch Schnee) reicht völlig. Neblig sollte es sein und stürmisch – so stürmisch, dass immer wieder Wolkenwände aus dem Tal aufsteigen, die sich vor der riesigen Fensterfront Ihres Zimmers in Fetzen auflösen und einen Augenblick lang den Blick auf die spektakuläre Berglandschaft freigeben, bevor sie sich daunendeckengleich wieder zusammenballen. Derweil liegen Sie einfach nur da und betrachten abwechselnd dieses Schauspiel und das gasbetriebene Feuer in dem offenen Kamin, der die besagte Fensterfront in zwei Hälften teilt und vom Bett aus fernbedient werden kann. Für Wandern oder Wellness ist schließlich morgen noch Zeit – wenn die Sicht auf den gegenüberliegenden Watzmann wieder frei ist und das Urlaubsleben auf dem Obersalzberg in den gewohnten Bahnen verläuft. Bis dahin genießen Sie die Abgeschiedenheit Ihres Mountain Resorts auf 1000 Metern Höhe – und das Gefühl, über den Dingen zu schweben.

DIE MEDICI

Im März 2005 wurde das Intercontinental Berchtesgaden eröffnet. Dass hier einmal solch himmlische Ruhe herrschen würde, erschien damals angesichts von 5000 weltweit publizierten Vorabartikeln nahezu unvorstellbar. Denn dieses neue Fünfsternehotel war für die Presse nicht einfach nur irgendein 50 Millionen Euro teures Luxusprojekt. Es war das »Hitler-Hotel« oder sogar das »Hitlerconti«. Diese Bezeichnungen verdankte es seiner Lage auf dem Obersalzberg hoch über Berchtesgaden. In Deutschlands einzigem alpinen Nationalpark. Nur ein paar Hundert Meter entfernt vom ehemaligen »Berghof«, der Ferienresidenz und dem inoffiziellen Regierungssitz des Führers.

Ob man an einem derart vorbelasteten Ort ein solches Traumhotel bauen darf, war lange Gegenstand von Querelen. Inzwischen hat sich die Stimmung beruhigt, und selbst die hartnäckigsten Kritiker haben eingesehen, wie idiotisch es war, die vielen dunklen Hölzer und Brauntöne im Haus mit einer politischen Gesinnung in Verbindung zu bringen.

Und trotzdem: Die Hotelleitung ist sich des besonderen Standorts bewusst und agiert dementsprechend aufrichtig und sensibel. Sämtliche Mitarbeiter des Hauses werden in Schulungen über die Nazi-Vergangenheit des Obersalzbergs unterrichtet, und in den Nachttischen der Zimmer liegt neben der Bibel die 500-seitige Dokumentation *Die tödliche Utopie*, herausgegeben vom benachbarten Dokumentationszentrum Obersalzberg, das Hotelgäste auf Wunsch sogar in Sonderführungen über die Hitler-Jahre am Berg informiert.
Kann man noch mehr tun, um braunen Luxustourismus von diesem Ort fernzuhalten? Ja, man kann ein Hotel bauen wie dieses: radikal modern, frei von jeder Heimattümelei und trotzdem nicht unterkühlt oder abweisend. Ein Resort, das an die edlen Hideaways in den Rocky Mountains oder den französischen Alpen erinnert und die Jodlerfraktion schon im Entree verstummen lässt. Gleich gegenüber der Eingangstür, wo man sonst die Rezeption erwartet, befindet sich ein offener Loungebereich mit Feuerstelle, weichen Sofas, Sesseln und kleinen Beistelltischen.
Links und rechts davon liegen Bibliothek und Bar, beide bestens ausgestattet, die eine mit reichen Beständen an Weltliteratur, die andere mit mehr als 400 Whiskeysorten. Eingecheckt wird im linken Flügel der zweigeschossigen Halle – an langen Holztischen, die den üblichen Tresen ersetzen.
Auf der anderen Seite führen zwei Treppen nach oben auf eine weitere Empfangs- und Veranstaltungsebene und nach unten in den Restaurantbereich. Bei den Materialien setzte Innenarchitekt André Behncke auf dunkle Hölzer für Böden und Vertäfelungen, millimeterdünn geschnittenen portugiesischen Marmor für den Barbereich und massiven Stainzer Gneis für die Wände und Mauern. Kombiniert mit mannshohen Blumenarrangements, riesigen cremeweißen Lampenschirmen und betont klarlinigem Mobiliar in warmen,

gedämpften Farben, entsteht Harmonie auf hohem Niveau.

Hätten die großen Meister des Bauhauses ein paar Dekaden später gelebt und wären sie außerdem etwas weniger sachlich und dafür einen Hauch sinnlicher gewesen – ihre perfekte Hotel-Lobby hätte wohl wie die im Berchtesgadener Intercontinental ausgesehen. Nur wenig alpenländisch geht es eine Etage tiefer zu: Das Aluminium-Geweih hier, die Kuh als Kunstobjekt da – im Intercontinental erinnert man sich der Heimat auf humorvolle Art und Weise. Und wer es dennoch rustikaler mag, für den gibt es immer noch das kleine Bayern-Stüberl. Allzu groß ist der Andrang nach Brezeln und Weißwurst allerdings nicht – schließlich gibt es noch zwei andere erstklassige Restaurants im Resort: das 3'60° mit seiner international ausgelegten Showküche und das kreisrunde Le Ciel, in dem Sternekoch Ulrich Heimann Köstlichkeiten wie Berchtesgadener Maibockrücken in der Brotkruste mit Pfifferlingen, Wirsing und Essigkirschen oder Salzburger Kalbsschulterscherzl mit Gänsestopfleber, Parmesanpolenta und Perlzwiebeln serviert. Die offerierten Weine stammen aus der gegenüberliegenden Vinothek, in der auch Degustationen und »Private Dinings« angeboten werden. Blickfang hier ist ein weinrot illuminierter Glaskubus, der an einen gläsernen Panzerschrank erinnert und die besten Tropfen des Resorts beherbergt – für jeden Gast sichtbar und trotzdem gut beschützt.

Sprechen wir, last, but not least, noch vom Wellnessbereich des Intercontinental. Die gute Nachricht: Ja, Sie könnten im hypermodernen Fitnesscenter oder in der Indoor-/Outdoor-Poolarea Tausende Kalorien verbrennen. Die schlechte: Es wird ihnen schwerfallen. Weil es nämlich viel schöner ist, sich einfach nur im 35 Grad warmen Außenbecken im Kreis treiben zu lassen oder in der Meditationslounge von der nächsten Kosmetiksitzung zu träumen. Für die Massagen, Gesichtsbehandlungen und Badezeremonien, die im hauseigenen »Mountain Spa« angeboten werden, reisen verwöhnte Münchner und Salzburger sogar frühmorgens mit dem eigens eingerichteten Spa-Limousinen-Service an – und spätabends wieder zurück. Ob all die Afrika-Bodyworks, Aborigine-Treatments und Asia-Anwendungen tatsächlich in die bayerische Bergwelt passen, sei dahingestellt. Aber erstens hat diese Vielfalt dem Spa-Bereich im letzten Jahr mannigfache Auszeichnungen eingebracht, zweitens gibt es ja auch noch so wunderbar bodenständige Behandlungen wie alpine Bier-Honig-Massagen oder Laist-Packungen mit Schlamm aus den lokalen, unterirdischen Salzseen. Und drittens freut man sich an diesem ganz besonderen Ort über alles, was irgendwie noch mehr Internationalität verheißt.

Jagdschloss Kühtai

KÜHTAI, ÖSTERREICH

13 kurvige Kilometer weit schraubt sich die Straße hinauf in Richtung Gipfelglück. Unten, bei Imst, am Anfang des Sellraintals, nichts als Tristesse in Graugrün. Dann, auf halber Höhe, plötzlich puderverzuckerte Wiesen, Wälder und Weiler. Und ganz oben, auf 2000 Metern über dem Meeresspiegel, endlich Winter – wie aus der Wundertüte gezaubert, mit massenhaft Schnee, zahlreichen Liften, die während der ganzen Saison laufen, und Scharen von Skifahrern.

»Willkommen in Kühtai, willkommen im Jagdschloss«, begrüßt uns ein strahlender Christian Graf zu Stolberg-Stolberg. Seit Menschengedenken hat es im Alpenraum keinen so warmen und schneearmen Januar gegeben wie in diesem Jahr. Doch unser Gastgeber hat trotzdem gut lachen. Im höchstgelegenen Wintersportort Österreichs hat es auch in dieser Saison wieder so verlässlich geschneit, dass Abfahrten direkt vor die eigene Jagdschloss-Tür bis Ende April möglich sein werden.

Jagdschloss Kühtai KÜHTAI, ÖSTERREICH

Schon in den frühen Fünfzigern hatte man hier oben die erste »Aufstiegshilfe« montiert. Das geschah damals übrigens auf Wunsch der gräflichen Großmutter und gegen den Willen des zuständigen Bundesministers, der bemängelte, dass es im Ort noch nicht einmal Bäcker und Schuster gäbe und dass ein Skilift mindestens 4300 Fahrten pro Saison absolvieren müsse, um rentabel zu sein. Heute gibt es zwar immer noch keinen Bäcker und keinen Schuster in Kühtai – wozu auch, wenn hier während der Sommermonate gerade einmal zwölf tapfere Bergler die Stellung halten? –, aber dafür transportieren die zwölf Skilifte bei Hochbetrieb inzwischen bis zu 16 000 Gäste. Und das stündlich!

Einiges hat sich in den vergangenen fünf Jahrzehnten also verändert, anderes wird hoffentlich ewig so bleiben, wie es bis heute ist: Kühtai zum Beispiel, das Kaff, das noch immer ohne großen Après-Ski-Trubel und mit einer einzigen Straße auskommt, aber auch das kleine, feine Skigebiet, das gern als »familiär« bezeichnet wird. Und natürlich das Jagdschloss am Dorfausgang, das sich seit 1280 im Familienbesitz befindet und seit 1952 als Viersternehotel geführt wird. Lange bevor die ersten Wintergäste kamen, amüsierte sich hier der halbe Habsburg-Clan beim Gämsenschießen. Schade nur, dass Sisi fehlte. Graf Christians Ururgroßmutter war »leider nie in Kühtai. Touristisch würde uns das heute noch gut tun.« Doch es geht auch ohne die Kaiserin: Hat man die zum Teil nur 1,60 Meter hohen Türrahmen der 38 Fürsten- und Grafenzimmer erst einmal ohne Beule am Kopf durchschritten, fühlt man sich sowieso wie ein König im eigenen zirbenholzgetäfelten Reich. Selbst wenn man nicht zur Familie gehört und einem all die ölgemalten Ahnen und filigran gezeichneten Stammbäume an den Wänden eher befremdlich erscheinen, fühlt man sich im Jagdschloss doch schnell wie zu Hause. Das ist Christian Stolberg-Stolberg zu verdanken. Denn während so manch anderes Traditionshotel mit aufgesetzter Attitüde nervt, nimmt es der Graf mit der eigenen Geschichte eher gelassen – ohne dabei jedoch seine Herkunft (und die der meisten Gäste) zu verleugnen. Diese Tatsache sollte man übrigens besser ohne großes Nachfragen akzeptieren. Oder es ergeht einem wie jenem neureichen Reisenden, der sich gleich nach der Ankunft darüber beschwerte, dass in seinem Zimmer der Fernseher und im Keller der Pool fehle. »Nun, geschätzter Gast«, bekam er vom Grafen zur Antwort, »unsere Gäste können durchaus noch selbst lesen, und Schwimmbäder haben sie ohnehin zu Haus.«

Das mag elitär klingen, aber im Jagdschloss Kühtai geht es dennoch erstaunlich klassenlos zu: Die jungen Angehörigen alter Adelsgeschlechter feiern hier gerne Partys, Wirtschaftsbosse entspannen ganz ohne Anzugszwang, und jede Menge weiterer Stammgäste, die sich auch ganz andere Hotels in ganz anderen Regionen leisten könnten, kommen trotzdem immer wieder hierher.

Ein klein wenig ist es noch immer so wie damals in den 1950er und 1960er Jahren, als das Jagdschloss noch ein ganz junges Hotel war und ein Hauch von mondäner, weiter Welt in die alten Gemächer einzog. »Unsere Schlossbar war damals ein wahrer Sündenpfuhl«, grinst der Graf, »Skiurlaub bedeutete in diesen Zeiten nämlich fast immer auch Ehekrise.«
Schade, dass besagte Schlossbar heute nur noch selten ihre schmiedeeisernen Pforten öffnet. Die Platten- (und wir meinen an dieser Stelle tatsächlich Platten- und nicht CD-)Sammlung des Grafen gilt nämlich als legendär – und als Garant für ein herrlich altmodisches Tanzvergnügen. Warum es trotzdem abends eher ruhig zugeht und sich die Mehrzahl der Gäste kaum aus den gemütlichen Restaurantstuben vertreiben lässt? Zum einen liegt das an der großartigen bodenständigen Küche des Hauses: Lieber wird einem hier ein perfekt gebratenes Hirschfilet oder ein anständiger Kaiserschmarrn auf den Tisch gebracht, als dass man sich mit angesagtem Asia-Allerlei oder saucenspiegelverschönertem Süßkram blamiert. Zum anderen liegt es aber auch am Grafen und seiner Familie. Allabendlich dinieren die Stolberg-Stolbergs gemeinsam mit ihren Gästen – und lassen so jene intim-familiäre Atmosphäre entstehen, in der es sich bis tief in die Nacht ganz wunderbar dasitzen und zuhören lässt.
Und wer doch einmal richtiges Kühtaier Après-Ski braucht, verabschiedet sich gleich nach dem Dessert in die sternenklare Winternacht und verbringt ein paar romantische Stunden beim Mondschein-Rodeln.

Was klingt wie Urlaub à la Heimatfilm, fühlt sich in Wahrheit ziemlich cool an. Vor allem dann, wenn man am Nachmittag auf der Sonnenterrasse des Hotels liegt und über die Hänge des Skigebiets auf die mächtige gegenüberliegende Stauseemauer schaut. »Ich komme mir vor wie Peter Sellers im *Rosaroten Panther*«, befindet der Fotograf. »Oder wie Connery/Moore in einem der alten *Bond*-Filme«, ergänzt der Autor. »Ist auf jeden Fall einzigartig. Fehlen nur noch die alten englischen Wagen auf dem Hotelparkplatz und die Steghosen und Sonnenbrillen tragenden Schönheiten im Liegestuhl nebenan«, sind sich beide einig.

Leben in einem Jagdschloss aus dem 13. Jahrhundert und sich dabei (nach einer einzigen Tasse Jagertee!) so fühlen, wie Sisi es in den Swinging Sixties getan hätte – so etwas bringen eben nur Graf Christian und der ganz besondere Charme von Kühtai zustande …

Knappaboda

LECH AM ARLBERG, ÖSTERREICH

Das beste Haus am Platz? Nun, vom Almhof Schneider ist in diesem Buch an anderer Stelle die Rede. Aber wie sieht es mit »sehr gut und noch dazu günstig« aus? In Lech eher mau.
Trotzdem haben wir vor Ort eine Pension gefunden, die großen Ansprüchen und kleinen Geldbeuteln mehr als gerecht wird. Ihr Name: Knappaboda. Ihre Lage: am Dorfrand, direkt am Ende der Madloch-Abfahrt. Ihre Besonderheit: Mehr guten Geschmack und Gastfreundschaft für wenig Geld bekommt man wahrscheinlich nirgendwo sonst am Arlberg geboten!

Hemetsberger

Das fängt schon am Anreisetag an, wenn Besitzerin Gertrud Walch ihre neuen Gäste abends auf der tiefverschneiten Terrasse mit Glühwein und Bratwürstchen aus einem uralten, unter dem Sternenhimmel postierten Bollerofen begrüßt. Weiter geht es in den Zimmern, die so gar nichts mit dem andernorts üblichen Einheitsdesign gemein haben. Apfelgrüne Wände, auf den Sofas und Betten farbenfrohe Bezugsstoffe aus der Kollektion der Londoner Innenarchitektin und Design-Queen Tricia Guild, dazu liebevoll ausgewählte Arlberg-Fotos an den Wänden und die neueste Ausgabe der *Gala* auf der Toilette – »weil die Farbe des Logos so gut mit der Wandfarbe harmoniert«: Es sind solche Details, die einem im Knappaboda sofort das Gefühl vermitteln, wirklich willkommen zu sein. Ein Eindruck, der am nächsten Morgen beim Frühstück noch verstärkt wird. Denn auch hier gilt: Alles liebevoller dekoriert, sorgfältiger ausgewählt, plastikfreier präsentiert und auf bunterem Geschirr serviert, als es ansonsten üblich ist – erst recht hier in Lech, dem Nobeldorf, in dem sich die Hotellerie hauptsächlich auf den Luxusbereich konzentriert und Otto Normalskifahrer häufig das Nachsehen hat.

Herbergen wie das 22 Zimmer zählende Knappaboda sind rar in diesem Dorf, und spätestens nachdem man dem kleinen Wellnessbereich den ersten Besuch abgestattet hat, ist man festen Willens, diese Adresse für sich zu behalten. Dampfbad, Infrarotkabine, zwei Saunas (eine davon mit Lichttherapie), Regendusche sowie eine Cool-down- und eine klug konzipierte Relax-Area: Rund um den Arlberg wird einem für den dreifachen Preis häufig nicht einmal ein Drittel dieses Angebots und kaum mehr Ambiente geboten …

Fragt sich nur: Wie und warum machen die das im Knappaboda eigentlich? Die Antwort auf die erste Frage lautet: geschickte Arbeitsteilung. Denn neben der Pension betreiben Gertrud Walch und ihr Mann Herbert auch noch einen Tischlereibetrieb und ein erstklassiges Einrichtungsgeschäft. Anders wären all

Knappaboda LECH AM ARLBERG, ÖSTERREICH

die maßgefertigten Holzarbeiten und edlen Interieurs im angesagten Alpen-Look nicht zu realisieren – und vor allem gar nicht zu finanzieren – gewesen. Die zweite Antwort lautet: viel Spaß am Gastgeber-Dasein. Denn ganz egal, ob Gertrud Walch jeden Nachmittag für hungrige Skifahrer ein rustikales Jausen-Buffet aufbauen lässt oder zweimal wöchentlich abends selbst in der Küche steht, um auf Wunsch bodenständige Vorarlberger und Tiroler Küche aufzutischen – nichts geschieht in diesem Haus, weil es muss, sondern alles nur, weil es den Gast glücklich macht. Klingt eigentlich ganz selbstverständlich – ist es aber leider nicht.

Und deshalb verraten wir Ihnen diesen Geheimtipp, von dem wir auf der einen Seite hoffen, dass er Schule machen wird, auf der anderen Seite aber, dass er weiterhin topsecret bleibt. Also, pst, nicht gleich jedem weitererzählen!

Le Chabichou

COURCHEVEL, FRANKREICH

1300, 1550, 1650 und schließlich 1850: Die vier Ortsteile von Courchevel sind nach ihrer jeweiligen Höhenlage benannt. Und ohne allzu sehr verallgemeinern zu wollen: je höher, desto besser, teurer, exklusiver, begehrenswerter …

Ach ja, damit wir uns richtig verstehen: Unser Hotel, das Le Chabichou, befindet sich am oberen Dorfrand von Courchevel 1850. Dennoch ist es hier nicht teurer als in vielen anderen Häusern am Platz, und das Essen ist zudem viel besser. Zwei Michelin-Sterne hat Inhaber und Küchenchef Michel Rochedy für das Le Chabichou schon erkocht – das trotz allem ein attitüdenfreies, unkompliziertes Familienhotel geblieben ist. Zu den Rochedys kommen die wahren Genießer, die nicht Glamour suchen, sondern Gourmet-Küche.

Kastaniencreme mit gerösteter Languste, Garnelen-Bonbons, Buchweizen-Chips und einem Cappuccino aus Waldpilzen steht hier auf der Karte. Oder pochierter Steinbutt mit Kräuterlikör, Frosch-Cannelloni und Fisch-Jus. Und als Dessert erwarten einen in Olivenöl gebackene Teigwaren mit rosa Zuckermandeln, Feigen und Fenchel. Gerichte, die wunderbar klingen, ebenso schmecken und in erfrischend unprätentiösem Ambiente serviert werden.

Besonders gute Gäste und Freunde des Hauses dürfen sogar in der Küche zu Abend essen – mitten im hektischen Treiben, an einem großen, gedeckten Tisch, der freie Sicht auf die Arbeit an Herd und Schneidebrett erlaubt. Denn Michel Rochedy, dem Sternekoch ohne Stargehabe, ist es ein großes Anliegen, dass seine Gäste die Lust und die Liebe, mit der er und seine Mannschaft an den Kochtöpfen zu Werke gehen, nicht nur schmecken, sondern auch sehen, riechen, hören und fühlen können.

Ebenso leidenschaftlich ist auch der Rest der Familie bei der Arbeit: Madame Rochedy kümmert sich allabendlich um die Reservierungen und um die Sitzordnung im Restaurant. Sohn Nicolas arbeitet wie sein Vater in der Küche. Sein Bruder Christophe und dessen Ehefrau Valérie kümmern sich um den Hotelbetrieb. Man sieht dem Le Chabichou an, dass es mit der Familie gewachsen ist. Gerade einmal neun Zimmer zählte das Haus im Jahr 1962, als die Rochedys

es übernahmen. Woher sein seltsamer Name stammte, war schon damals nicht mehr mit Bestimmtheit zu sagen. In Frage kamen eine Operette, ein regionaler Ziegenkäse und die Katze eines früheren Besitzers. Den Rochedys schien die Geschichte mit der Katze am besten gefallen zu haben – wie ließe es sich sonst erklären, dass sich das Katzenmotiv bis heute wie ein roter Faden durch das ganze Hotel zieht? Ansonsten herrscht in Sachen Einrichtung und Dekoration charmantes Chaos: ein bisschen Chalet-Chic, dazu ein paar innenarchitektonische Relikte aus den vergangenen Jahrzehnten und ein aus An- und Umbauten resultierendes Wirrwarr an Gängen, Halbstöcken und Salons. Die kleine Boutique, die Sonnencreme verkauft? Kein Problem, direkt bei der Rezeption. Aber geht es von dort in den hoteleigenen Sportshop mit Skiverleih eine Etage nach oben oder eine halbe hinunter? Und vor allem: Welche Treppe führt überhaupt zur Rezeption?

Obwohl das Le Chabichou mit seinen 24 Zimmern, 18 Suiten und fünf Apartments nicht gerade groß ist, dauert es eine Weile, bis man sich darin zurechtfindet – danach aber fühlt man sich wie zu Hause ...

Doch auch wenn allein die Gemütlichkeit, die Gourmet-Küche und der kleine Spa-Bereich im Le Chabichou den Besuch wert wären, kommt man natürlich vor allem zum Skifahren hierher. Und auch da überzeugt das Le Chabichou – zum Beispiel durch den direkten Pisteneinstieg vor der Haustür.
Von dort aus erschließen sich einem 150 dorfeigene Abfahrtskilometer. Wem das nicht reicht, der hat nahtlosen Anschluss an das Skigebiet »Les 3 Vallées« mit weiteren 450 Kilometern präparierter Piste und Bergstationen auf über 3000 Höhenmetern. Das Paradies für Wintersportler – und ein Ort, an dem man mitunter den Boden unter den Skiern zu verlieren scheint, weil vieles so überirdisch wirkt. Nehmen wir nur einmal den Flughafen von Courchevel: Wer von der Bergstation hinabfährt, kann die Privatjets beim Starten und Landen von oben betrachten. Und wer sich auf dem Weg ins Tal gerade auf gleicher Höhe mit dem Tower befindet, kann den Piloten im Cockpit zuwinken – so nah führen die beiden Pisten aneinander vorbei. Ebenso ist es möglich, sich während der Abfahrt die Auslagen der Louis-Vuitton-

Boutique anzuschauen oder, nur ein paar Seidenschallängen von der Seilbahn entfernt, bei Hermès einzukaufen. All das macht Courchevel zu einer der coolsten und schicksten Wintersportdestinationen auf der ganzen Welt. Und wer diesen Ort erlebt hat, weiß die unaufgeregte, familiäre Atmosphäre im Le Chabichou noch ein klein wenig mehr zu schätzen …

Le Fer à Cheval

MEGÈVE, FRANKREICH

Frankreich zur Zeit des Ersten Weltkriegs: Weil in ihrem geliebten St. Moritz auch die verhassten Deutschen Winterurlaub machten, schickte Noémie de Rothschild, eine ebenso exzentrisch wie patriotisch veranlagte Pariser Baronin, ihren Privatskilehrer aus, um nach Alternativzielen innerhalb der eigenen Landesgrenzen zu suchen.
An Val d' Isère störte ihn die Kessellage. An Chamonix die langen Nachmittagsschatten des Mont Blanc. Lediglich Megève konnte vor seinem strengen Auge bestehen. Und auch seine Auftraggeberin, die Baronin, war begeistert von dem sonnigen Bauerndorf auf 1100 Metern über dem Meeresspiegel, das sich – dem Zuschauerraum eines Amphitheaters ähnlich – halbkreisförmig an den Berghang schmiegte.

Le Fer à Cheval MEGÈVE, FRANKREICH

Am Fuß des Mont d'Arbois ließ Noémie schließlich ihr erstes Chalet erbauen. Und wer in Paris etwas auf sich hielt, folgte ihrem Beispiel. Dies taten im Jahr 1938 auch die ersten Besitzer des Le Fer à Cheval. Mit ihrem hufeisenförmigen Chalet (»Le Fer à Cheval« bedeutet übersetzt »das Hufeisen«) war ihnen der große Glücksgriff gelungen: zentrale Lage, schöner Ausblick und dazu ein hübsches Häuschen, das sich mit seinem niedrigen Dach, der breiten Steinfront und den hölzernen Balkonen am Anwesen von Madame de Rothschild orientierte.
Rund sieben Jahrzehnte später hat sich daran nur wenig geändert: Die Lage ist noch immer vorzüglich, der Ausblick nicht weniger atemberaubend als früher – und auch die Anbauten der letzten vierzig Jahre erinnern stark an den Stil der Baronin ...
Aus dem Familienchalet von damals ist heute zwar ein Ferienhotel geworden, doch das ist so intim geführt und so stilvoll eingerichtet, dass man den Wandel kaum wahrnimmt. Statt einer großen Vorfahrt führt nach wie vor nur ein kleiner Gartenweg zum Haus. Ins Innere gelangt man nicht etwa durch ein gläsernes Portal, sondern durch eine unauffällige Holztür. Und auch dort herrscht eher Wohnzimmer- als Hotelhallenatmosphäre: Rezeption und Lift befinden sich dezent im Hintergrund, während Sitzgruppen und kleine Spieltische das Bild bestimmen. Für den Nachmittagstee richten die guten Geister des Hauses im benachbarten Salon auf einem langen Tisch ofenwarmen Gugelhupf, ein paar Tartes, zartbittere Schokolade und selbstgebackene Kekse an – alles von feinster Qualität, aber ganz unaufdringlich zur Selbstbedienung dargeboten. In solch einem Ambiente fühlt man sich gleich wie zu Hause. Wohlig versinkt man in den butterweichen Sofas und schaut dabei den Schneeflocken vor den Sprossenfenstern beim Tanzen zu.

Vorausgesetzt natürlich, man hat sich nach der letzten Ski-Abfahrt nicht sofort in sein Zimmer oder in seine Suite zurückgezogen. Besonders hübsch und stimmungsvoll sind die Gemächer unterm Dach, die sich wie kleine Chalets im Chalet ausnehmen und teilweise sogar über offene Kamine und familienfreundliche Galeriegeschosse verfügen. Moderner und auch einen Hauch mondäner präsentieren sich die allerneuesten Zimmer des Hauses mit ihren offenen Bädern und mannshohen Nachttischlampen. Wofür man sich da entscheiden soll, hängt vom persönlichen Geschmack und Geldbeutel ab.

Das Le Fer à Cheval ist auch sehr beliebt bei alteingesessenen Familien, die sich gern zum diskreten Diner in Vier-Generationen-Stärke um die festlich gedeckten Tafeln des Hotelrestaurants versammeln. Ganz selbstverständlich wird an solchen Abenden dem Enkel im Hochstuhl das Hantieren mit einem Hummer oder die hohe Kunst der richtigen Käseauswahl erklärt. Und wenn so ein Essen den Kleinen doch irgendwann zu lang wird, verziehen sie sich eben eine Etage tiefer in das urgemütliche Alkovenbett in der Lobby, das bei diesen Gelegenheiten eine wunderbare Räuberhöhle abgibt.

»Nous vous ferons découvrir ›la vie de chalet‹« – »Bei uns erfahren Sie, was ›Chalet-Leben‹ bedeutet« steht in großen Lettern auf dem Hausprospekt des Le Fer à Cheval. Wie wahr solche Werbebotschaften manchmal sein können …

162, 163

Les Fermes de Marie

MEGÈVE, FRANKREICH

»Mais non, messieurs! Je vous en prie! Einfach nur alte Möbel, Vasen, Bilder und allerlei anderen antiken Zierrat zusammenkaufen, das wäre nun wirklich nicht der Stil der Sibuets! Sie wissen doch, die beiden sind Perfektionisten!« Und da muss einfach alles passen – vom anheimelnd knarrenden Eingangsportal bis zum kunstvollen Blumenarrangement in der Bibliothek.

Im Schlepptau von »Madame la Presse«, der Pressereferentin, erobern wir eines der ungewöhnlichsten Hotels der Alpen: Les Fermes de Marie – »Maries Bauernhöfe«. Benannt nach der Tochter des Besitzerehepaares. Erbaut auf einem zwei Hektar großen Grundstück am Rand von Megève. Konzipiert als winziger Weiler, den es so schon seit Jahrhunderten an diesem Platz geben könnte. Monatelang, so erklärt man uns, seien Jocelyne Sibuet und ihr Mann Jean-Louis damals auf der Suche nach alten, aufgegebenen Gehöften durch die umliegenden Täler gezogen. Achtmal seien die beiden fündig geworden. Und achtmal hätten sie nach dem Kauf jeweils die gesamte *ferme* abgetragen, Balken für Balken durchnummeriert und an diesem Ort wieder aufgebaut. Das Ergebnis ist ein 71 Zimmer umfassender Hotelkomplex, der weder nach Hotel noch nach Komplex aussieht.

Links, rechts, links, über einen schmalen Gang, dann eine halbe Etage runter und schließlich nach der zweiten Holztür wieder treppauf: Seltsamerweise enden alle Wege durch die über- und unterirdisch miteinander verbundenen Höfe irgendwann im Hauptgebäude. Auf verschiedenen Ebenen und unter freigelegtem Scheunendachgebälk befinden sich hier Rezeption, Shop, Lounge, Bar sowie drei erstklassige Restaurants. Eine Art Gemeindehaus also? »Oui, oui«, erklärt Madame, fügt aber nicht ohne Stolz hinzu, dass die meisten »Gemeindemitglieder« der feinen Pariser Gesellschaft oder der Schweizer Hochfinanz entstammten und das Landleben auf Zeit daher besonders zu schätzen wüssten.

Im Haus nebenan sind das Fitnessstudio und die Schwimmhalle sowie der Wellness- und Spa-Bereich untergebracht. Der Fitnessraum ist klein, aber fein und sogar mit wundersam vibrierenden Powerplates ausgestattet. Als spektakuläres Ensemble aus Wasser, Holz und Stein präsentiert sich die Pool-Area, die zudem über einen Außenbereich mit einem dampfenden Whirlpool und einer Sonnenterrasse verfügt. Und dann das Spa: Einige der Kabinen erinnern an Felsgrotten, andere an einen Birkenwald – und alle sind auf ihre Art so spektakulär wie die Savoyer Alpenlandschaft, von der das gesamte Interieur beeinflusst ist. Kein Wunder also, dass auch bei den einzelnen Pflegeanwendungen die Natur eine wichtige Rolle spielt: Hautverjüngende Edelweiß-Extrakte und heimische Mineralien mit kräftigender Wirkung bilden die Basis der verwendeten Pflegeprodukte. Wer will, kann die Cremes, Masken und Öle der hauseigenen Kosmetiklinie »fermes de Marie« am Urlaubsende im Spa erwerben. Inzwischen bekommt man sie jedoch auch in den besten Parfümerien der Welt, und natürlich findet man sie – so stellen wir am Ende unserer *tour d'hôtel* fest – auch auf den Waschbecken- und Wannenrändern in den einzelnen Zimmern. Alle sind anders eingerichtet, anders geschnitten und anders gelegen. Sie verfügen über große Türen, die in den Garten hinausführen, oder über winzig kleine Fenster mit Blick auf die umliegenden Berggipfel. Einige sind mit

karierten Tweedstoffen dekoriert, andere mit kuhfellbezogenen Sofas ausgestattet. »Bei jeder Reservierung lasse ich mir ein anderes Zimmer geben als das vom Vorjahr«, erzählt uns später am Abend ein Stammgast an der Bar, »für mich ist es nämlich immer wieder spannend, eine neue Facette dieses so vielfältigen Hotels zu sehen und zu erleben.« Ob es das schwedische Königspaar genauso sieht und handhabt? Wir wissen es nicht, und »Madame la Presse« hüllt sich in diskretes Schweigen. Fest steht jedenfalls, dass die skandinavischen Royals ganz gerne hier absteigen und das luxuriöse Landleben offensichtlich zu schätzen wissen. Aber das überrascht hier eigentlich niemanden. »Denn«, so fragt sich unsere Barbekanntschaft, »in welchem anderen Bauernhof der Welt können Könige champagnerschlürfend am Kamin sitzen und darüber sinnieren, ob sie am Abend lieber Käsefondue oder Entenbraten essen wollen oder ob sie es stattdessen vorziehen, in einem Badezuber mit duftenden Koniferenessenzen zu versinken?«

Dafür »Merci bien, monsieur« – denn noch schöner hätten wir dieses ganz besondere Ferme-de-Marie-Feeling nicht auf den Schlusspunkt bringen können.

Misani

ST. MORITZ CELERINA, SCHWEIZ

Vielleicht liegt es ja nur am Flachdach. Oder an der flammend roten Fassade. Auf jeden Fall wirkt dieses Haus inmitten von Celerinas einnehmendem Chalet-Chic und in unmittelbarer Nachbarschaft zu den Hotelpalästen von St. Moritz seltsam fremd. Doch für solche Äußerlichkeiten ist Eigentümer Jürg Mettler nun wirklich nicht zuständig. Schließlich wurde »sein« Misani bereits 1878 von heimwehtrunkenen italienischen Weinhändlern in diesem ebenso spätklassizistisch wie toskanisch anmutenden Stil erbaut.

Für die inneren Werte der 35-Zimmer-Herberge übernimmt der Hotelier jedoch gerne die volle Verantwortung. Und das nicht ohne verdienten Stolz. Seit Mettler das Gebäude im Jahr 2000 gekauft hat, ist es ihm und seiner Mannschaft gelungen, den damals noch abbruchreifen Kasten in das unkonventionellste Hotel des ganzen Engadins zu verwandeln.

Wer heute in Mettlers Misani residiert, entscheidet sich zum Beispiel nicht für »Single« oder »Standard«, »Superior« oder »Deluxe«, sondern für »Havanna« oder »Heidiland«, »Marokko« oder »Montana«. Jedes einzelne Zimmer ist einem eigenen Thema gewidmet und – vom Seestern an der Tür des »Beach-Room« bis zum Federbusch am Betthaupt der »Savannah-Suite« – detailverliebt eingerichtet. Hier findet man originelle Fundstücke vom Flohmarkt, mit Sachverstand ersteigerte Kostbarkeiten aus Hotelauflösungen, Kreatives (und manchmal auch Kitschiges) von befreundeten Künstlern sowie einstigen Hausrat aus Mettlers Züricher Zeiten. Der übliche »Wohlstandsmüll« ist dem ehemaligen Eventmanager dagegen verhasst. Man wird ihn in den Zimmern vergeblich suchen. »Bett, Tisch, Stuhl, Sitzgruppe – diese spartanische Einrichtung genügt, um einem Raum seine eigene Atmosphäre zu geben«, erklärt Mettler sein Konzept und verweist auf die Einrichtung des kiwigrünen »Les-Baux«-Zimmers: Blumenlüster, Gitterbett, florale Wandmalereien.

Wer trotzdem nicht ohne TV-Berieselung auskommen kann, leiht sich an der Rezeption einen Flachbildschirm, ein paar Filme und einen Videorekorder aus – der Misani-Gast soll schließlich nur inspiriert und nicht missioniert werden! Aber allzu häufig wird der

Wunsch nach Fernsehunterhaltung ohnehin nicht geäußert. Sehr viel spannender und unterhaltsamer als jeder noch so gute Hollywood-Streifen sind nämlich die verschiedenen Sets aus dem hoteleigenen Fundus für diejenigen, die sich einen fernsehfreien Abend lang in ihrem Zimmer verwöhnen möchten. So besteht das Kuba-Libre-Kisterl aus einer Flasche dunklem Rum, drei Dosen Cola light und zwei kubanischen Zigarren, während das 1001-Nacht-Package mit edler Satinbettwäsche, einer Schale duftender Blüten, einem Klassiker aus der Bibliothek und einer Wasserpfeife aufwartet. Jederzeit ausleihbar sind außerdem eine Kuckucksuhr (für alle, die computeranimierte Weckrufe inzwischen satthaben), eine Carrera-Autorennbahn (für alle, die schon lange nicht mehr …) sowie Hamsterdame Flurina III. samt Käfig, Fütterungs- und sonstiger Pflegeanleitung (für alle, denen die Ruhe und Einsamkeit der Schweizer Bergwelt eher unheimlich ist und die sich deshalb selbst an nächtlichen Raschel- und Knabbergeräuschen erfreuen können).

So viel fernsehfreie Unterhaltung macht hungrig – und deshalb gibt es im kleinen Misani auch gleich drei großartige Restaurants. In der arvenholzgetäfelten Usteria kann man bis 16 Uhr vorzüglich frühstücken und frisches Steinofenbrot, handgerührte Almbutter und italienischen Kaffee genießen. Danach werden in dem rustikal-relaxten Ambiente lokale Hausmannskost und köstliche Pasta serviert. Das Restaurant Voyage bietet indisches Tandoori, afrikanischen Springbock, Sushi sowie australische Yabbis und kündet so von der Weltgewandtheit des Gastgebers und der gesamten Region. Und schließlich lockt die Bodega im alten Gewölbekeller, wo trendige DJ-Sounds den Ton angeben, mit frischen Tapas und gut gelagerten Weinen.

Für ein Hotel dieser Größe und in solch exklusiver Lage eher ungewöhnlich ist, dass – vom feinen und kleinen Wellnessbereich einmal abgesehen – auch jeder Fremde Zutritt erhält. Es gibt weder den Speisesaal nur für Hotelgäste noch die Members-only-Bar. Und so entsteht an jedem Wintertag jene magische Mischung aus Hotelgästen, Besuchern mit (Zweit-)Wohnsitz oder Nobelherbergszimmer im benachbarten St. Moritz sowie »echten« Einheimischen. Dank seiner Nähe zum Skigebiet (den nächsten Lift erreicht man zu Fuß in fünf Minuten) beginnt das bunte Treiben im Misani bereits am Nachmittag zur Happy Hour. Treffpunkt zum Sehen und Gesehenwerden, um sich für den Abend zu verabreden und Skitouren für den nächsten Tag zu planen, ist die Lobby-Lounge mit ihren wechselnden Kunstausstellungen und den knallblauen Lederhockern. Für Romantiker und Ruhesuchende bietet sich die steingetäfelte Kaminecke mit den herrlich weichen Fauteuils und dem knisternden Holzfeuer an.

Einen Apero zum Après-Ski, dazu ein Schälchen mit Oliven, Parmesan und Prosciutto, ein wenig Smalltalk – so entspannt klingt ein Skitag im Misani aus. Dass zur gleichen Zeit in den Straßen von St. Moritz die große Pelzparade beginnt und sich die Damen der Gesellschaft dort um den letzten Sonnenplatz und eine sündhaft teure Tasse Schokolade auf der Terrasse der Confiserie Hauser schlagen, scheint Welten weit weg und ist doch nur ein paar Kilometer entfernt.

Pünktlich zum Dinner (und zur eventuell anfallenden Fütterung des Hotelhamsters) steckt die Misani-Mannschaft dann vor dem Eingangsbereich des Hotels geweihgeschmückte Fackeln in den Schnee: ein cooler Auftakt für einen heißen Abend, der manchmal erst am nächsten Morgen endet. Denn Mettlers Bodega-Partys sind legendär und locken mehrmals im Monat mehrere Hundert Besucher in den Hotelkeller.

Wer genug hat vom Feiern, flieht irgendwann in der Nacht über die steilen Stiegen oder mit dem kuhfelltapezierten Lift hinauf in den zweigeschossigen Zimmerbereich. Von dem Trubel im Keller ist hinter den dicken Mauern der Schlafgemächer nichts mehr zu hören. Und wer vor dem Zubettgehen noch einmal durch das Treppenhaus und die Flure flaniert, fühlt sich angesichts der vielen verschiedenartigen Bilder an den Wänden und der mit Büchern, Spielsachen und anderem persönlichem Kleinkram überfüllten Regale eher an das charmante Chaos im Ferienheim von Freunden erinnert als an ein In-Hotel mit Partyfaktor und einem ebenso schicken wie kosmopolitischen Publikum.

Solche Gegensätze erzeugen Harmonie – und machen aus einer einstmals simplen Dreisterneherberge wie dem Misani einen Leuchtstern am Schweizer Hotelhimmel. Aber vielleicht liegt es ja auch nur am Flachdach. Oder an der flammend roten Fassade.

Mont-Blanc

MEGÈVE, FRANKREICH

Als Jean Cocteau in den 1940er Jahren zum ersten Mal nach Megève reiste, war es Liebe auf den ersten Blick. Die Landschaft, die Leute und diese ganz besondere *art de vivre* … Es sei, so schwärmte der Lebemann, Regisseur, Maler, Choreograf und weltberühmte Schriftsteller, als hätte seine Heimatstadt Paris mit dem 5000-Seelen-Städtchen in den Savoyer Hochalpen ein »21. Arrondissement« dazubekommen.

Mehr als ein halbes Jahrhundert ist seitdem vergangen, doch Megève mit seinen eleganten Boutiquen, den feinen Restaurants und vornehmen Damen, die allabendlich im Pelz über den kleinen Kirchplatz promenieren – das ist noch immer *Paris en petit*. Und vor allem ist es *très, très chic*!

Trotz 179 erstklassigen Abfahrten und mehr als 400 gut präparierten Pistenkilometern kommt man nicht unbedingt zum Skifahren hierher, sondern zum Sehen und Gesehenwerden. Oder, wie es ein englischer Journalist einmal auf den Punkt gebracht hat: »The French don't ski in Megève. They play ›les sports d'hiver‹.« Einer der schönsten und stilvollsten »Spielplätze« vor Ort ist seit seiner Eröffnung im Jahr 1949 das Hotel Mont-Blanc. Einst drehte Roger Vadim hinter den holzverkleideten Mauern seine *Liaisons dangereuses*. Stars wie Rita Hayworth, Charles Aznavour, Françoise Sagan, Gilbert Bécaud oder die Bardot erlebten hier ihren perfekten Winterurlaub. Und natürlich hatte auch Jean Cocteau eine ganz besondere Beziehung zu diesem Hotel.

Wie oft er im Mont-Blanc abstieg, weiß heute niemand mehr genau zu sagen. Dass es einige Tage und Nächte gewesen sein müssen, beweisen jedoch allein schon seine großformatigen *Enfants terribles*, die er zum Dank an eine der Zimmerwände gemalt hat. Seit 1994 gehört das Mont-Blanc zum Hotel-Imperium von Jocelyne und Jean-Louis Sibuet, die in Megève auch noch die Häuser »Au Coin du Feu«, »Le Lodge Park« sowie »Les Fermes de Marie« (siehe Seite 164) betreiben. Mit Feingefühl und dem richtigen Gespür für die glanzvolle Geschichte des Ortes ist es den beiden gelungen, der in die Jahre gekommenen 40-Zimmer-Herberge neues Leben einzuhauchen, ohne ihre Seele zu zerstören.

Noch immer – oder besser, schon wieder – präsentiert sich das Ambiente des Mont-Blanc in einem herrlich eklektischen Mix aus britischem Country-Style, Pariser Eleganz, österreichischem Charme und Hochsavoyer Heimeligkeit: Die Bauerntruhe steht vor einer karostoffbespannten Salonwand, der Stapel ledergebundener Atlanten ruht auf einer intarsienverzierten Kommode, und unter dem in Öl gemalten Porträt einer mittelalterlichen Schönheit versinkt der Gast im Badezuber.

Sehr warm und sehr intim ist die Atmosphäre im Mont-Blanc. Das liegt zum einen sicherlich an der überschaubaren Größe des Hotels und an der überwiegend dunklen Farbgebung der Innenräume, zum anderen aber auch an der Tatsache, dass hier einiges ganz anders ist als in anderen Luxushotels: So gibt es im Haus zum Beispiel kein einziges Restaurant, sondern nur einen familiär anmutenden Frühstücksraum. Der Wellnessbereich ist sehr klein, und die ansonsten übliche Hotelbar sucht man vergebens. Denn Drinks oder der in ganz Megève berühmte Five o'Clock Tea, bei dem so wohlklingende Sorten wie »Eros« oder »Bel Ami« auf die kleinen Tischchen kommen, werden ganz entspannt vor dem Kamin in der Lobby serviert.
Das mögen Kleinigkeiten sein, doch sie machen den besonderen Charme dieses Hauses aus, das sich schwerlich kategorisieren lässt: Kommt das Mont-

Blanc nun einem eleganten City-Hotel am nächsten? Oder einem vornehmen Country-Resort? Oder ist es vielleicht doch am ehesten mit einem privaten Feriensitz zu vergleichen?

Die Antwort liegt irgendwo dazwischen, beinhaltet von all dem etwas und sollte zusätzlich noch ein selbstverfasstes Bonmot rund um die Begriffe »Bourgeoisie« und »Berge« umfassen. Und falls es Ihnen beim Anblick des Montblanc die Sprache verschlagen haben sollte: Lesen Sie doch mal bei Stammgast Cocteau nach, der wusste auf jede Frage eine wunderbar geistreiche Antwort …

Schwarzer Adler

KITZBÜHEL, ÖSTERREICH

Mit luxuriösen Familienhotels in klassischen Touristenorten ist es so eine Sache: Zumeist ebenso unverschämt überteuert wie hoffnungslos selbstverliebt stauben solche »Platzhirsche« ein paar Jahrzehnte ganz erfolgreich vor sich hin, bis ihnen eines Tages die Stammgäste wegsterben und sich nachfolgende Generationen fragen, warum sie für so viel Mief so viele Moneten ausgeben sollen. Die Hoteliers Andrea und Christian Harisch haben dieses Problem erkannt – und 2001, noch im Jahr der Übernahme, mit Hilfe von umfangreichen Umbau- und Renovierungsarbeiten gelöst. Heute zählt ihr Schwarzer Adler zwar nach wie vor zu den ungekrönten »Dorfkaisern« von Kitzbühel, die Gäste und das Ambiente in dem nur wenige Meter von der Fußgängerzone entfernten Hotel sind aber sehr viel jünger und mondäner geworden. Und das zeigt sich schon im Eingangsbereich der Viersterneherberge, den man früher einmal »Lobby« nannte: Dort, wo einst typische Hotelhallen-Atmosphäre herrschte und auf filigranen Fauteuils vornehm Hof gehalten wurde, ist heute relaxtes Lounge-Feeling bei wohltuend gedimmtem Licht angesagt.

Man sitzt, liegt, lümmelt auf bequemen Sofas mit überproportioniert hohen Rückenlehnen, die gleichzeitig als Raumteiler und Blickachsen dienen, trifft in diesem ungezwungenen, irgendwie weltstädtisch anmutenden Rahmen Freunde, genießt den Ausblick auf den großen, beidseitig offenen Kamin und den ersten Drink nach der letzten Hahnenkamm-Abfahrt. Die Rezeption mit den sanft beleuchteten Milchglasscheiben, an denen große Schwarz-Weiß-Fotografien aus Tirols touristischen Pioniertagen hängen, sowie die geschwungene Hotelbar aus Holz am Ende des Raums wurden bewusst in diesen »Wohnzimmer-Bereich« integriert: Sehen und gesehen werden – in Kitzbühel mindestens ebenso wichtig wie wedeln können im Winter und ein perfekter Puttingschwung im Sommer – ist also vom Check-in bis zum Night Cup jederzeit möglich! Wer's intimer mag, begibt sich ins Kaminzimmer, versinkt dort in einem der Samtsessel und träumt sich bei heißer Schokolade und köstlichen Mehlspeisen zurück in den Pulverschnee am Berg oder den Liegestuhl vor der Skihütte.
Oder aber er verschwindet gleich in sein Zimmer oder die eigene (Junior-)Suite. Denn der entspannte Mix aus Gemütlichkeit und einem Hauch von Glamour macht auch vor den Türen der insgesamt 82 Schlafgemächer nicht Halt. Im Gegenteil: Je nach Geschmack und gebuchter Kategorie lässt sich das Wohlgefühl sogar noch steigern: mit watteweichen, kunterbunten

Plaids aus *toile de Jouy* und rot-weiß karierter Bettwäsche, ultracoolen Flachbildschirmen an den Wänden oder vorgeheizten Privatsaunas in den übergroßen Badezimmern. Diese persönlichen Schwitzstuben sind allerdings eher etwas für die Promis und Salonlöwen. Diese zeigen sich – vor allem während des alljährlich im Januar stattfindenden Hahnenkamm-Rennens – zwar liebend gern im Pelz am Pistenrand, niemals aber mit Handtuch um die Hüften im Hotel-Hamam. Selbst schuld, denn ihnen entgeht mit dem »Black Spa« im Schwarzen Adler eine der schönsten Wellnessoasen Tirols: stolze 1000 Quadratmeter groß und – nomen est omen – hauptsächlich in der Hausfarbe Schwarz gestaltet. Den Mittelpunkt der Badelandschaft und nach dem Eingang die erste Möglichkeit, in eine andere Welt abzutauchen, bildet ein großer, unterkühlt anmutender, aber wohltemperierter Indoor-Pool. Aus Unterwasserlautsprechern erklingen klassische Musik oder Walgesänge. Wer auf den Boden des Beckens sinkt, kann durch ein kreisrundes Guckloch einen ersten Blick in die darunterliegende Etage mit Therapieräumen und Ruhezone samt gasbetriebenem offenem Kamin werfen. Feuer, Wasser, schwarze Schieferböden und ein sternenklarer Nachthimmel über dem zum Auskühlen vorgesehenen Atrium – im Black Spa vertraut man auf die Kraft der Elemente, anstatt sich der ansonsten so weit verbreiteten Effekthascherei zu bedienen. Hier gibt es weder eine in schrillen Pastelltönen an die Wand gepinselte »Venus im Bade«, noch beleidigt ein in die Ecke drapiertes Seidenblumengesteck das Auge. Und auch der zurzeit so angesagte Feng-Shui-Firlefanz an Decken und Türrahmen fehlt hier vollständig. Stattdessen beinah klösterlich wirkende Kargheit: Kabinen, die nicht von ihrem eigentlichen Zweck – der Behandlung – ablenken, Gänge, die ganz ohne Bilder und Werbe-

plakate auskommen, und Betonwände, die nichts weiter als grau und rau sein dürfen. So wird Wellness wirklich zur Wohltat!
Genug für Geist und Seele getan? Dann gilt es jetzt, sich dem Körper zu widmen. Und zwar in Kitzbühels spektakulärstem Fitnesscenter zwei Etagen höher. Im luftigen Ambiente eines großen Wintergartens kann man sich hier an Laufband, Rudermaschine oder Ergometer austoben und dabei auf verschneite Berggipfel blinzeln. Zugegeben, ein schweißtreibendes Unterfangen und vor allem nach einem langen Skitag nicht ganz ohne Überwindung zu absolvieren, doch der Kampf gegen die Kalorien zahlt sich nur wenig später in Form zusätzlicher Vorspeisen oder doppelter Knödelportionen zum Hauptgang des Abendessens wieder aus. Die traditionell tirolerische Küche im Speisesaal ist bekannt für ihre ausgezeichnete Qualität, und kaum ein Gast schlägt während seines Aufenthalts nicht mindestens einmal kräftig über die Stränge. Kulinarisch auf noch höherem Niveau diniert man in den drei hoteleigenen Neuwirt-Stuben, die auch Besuchern von außerhalb offenstehen. Einen Michelin-Stern und zwei Gault-Millau-Hauben hat sich Küchenchef Stefan Hofer hier im Laufe weniger Jahre erkocht. Angesichts der harten Konkurrenz vor Ort ein wahrhaft kometenhafter Aufstieg in den Kitzbüheler Restauranthimmel – der jedoch ganz ohne Verlust der nötigen Bodenhaftung vonstatten

ging. Kein allzu steifes Ambiente, kein abgehobener Service und, vom Kaviar auf der Vorspeisenkarte einmal abgesehen, auch keine krampfhaften Zugeständnisse an die Geschmäcker und Geldbeutel reicher Russen oder spesenverwöhnter Geschäftsleute. Stattdessen genossen wir hier an einem stürmischen Februarabend eine kalt-warme Fasanenvorspeise, gefolgt von einem wunderbaren Cassoulet von Erdäpfeln, Blutwurst und Langostinos sowie einem sensationellen Hirschrücken mit Nusskrokant, Balsamico-Kirschen und Schupfnudeln und zuletzt Mille-Feuille von karamellisierten und gebratenen Mandeln, Bratapfeleis und Glühwein. Wem zum Digestif der Sinn nach Ortswechsel und Entertainment steht, geht einfach hinüber in die Lobby-Lounge, wo ein Pianospieler für angenehme Zerstreuung sorgt. Oder aber er wagt sich hinaus in die Kälte, besorgt sich am Würstelstand beim Stadttor ein ordentliches Stamperl Hausbrand und lässt sich, in schwere Felldecken gepackt, im Pferdeschlitten durch die Kitzbüheler Bilderbuchkulisse chauffieren. Unser Tipp für ein sanftes Erwachen aus diesem Wintermärchen: vor dem Schlafengehen noch schnell ein großes Frühstück aufs Zimmer bestellen und am nächsten Morgen im kuschelweichen Bettennest des Schwarzen Adlers in aller Ruhe einen weiteren himmlischen Tag im High-Society-Dorf beginnen.

Adressen und Reiseinformationen

Preiskategorien
Preis für eine Übernachtung mit Frühstück für zwei Personen im Doppelzimmer während der empfohlenen Reisezeit:

€ = unter 100 €
€€ = 100 bis 200 €
€€€ = 200 bis 300 €
€€€+ = über 300 €

DEUTSCHLAND

InterContinental Resort Berchtesgaden

Hintereck 1
D-83471 Berchtesgaden
Tel. 00 49/86 52/9 75 50
www.berchtesgaden.intercontinental.com
berchtesgaden@ichotelsgroup.com

Preiskategorie €€
Die Bar, das Restaurant Le Ciel und das Mountain Spa (beide nur mit vorheriger Reservierung) stehen auch externen Gästen offen.

Schloss Elmau

D-82493 Elmau in Bayern
Tel. 00 49/88 23/1 80
www.schloss-elmau.de
info@schloss-elmau.de

Preiskategorie €€€+
Übernachtung inklusive Halbpension. Gegen einen geringen Aufpreis ist das Abendessen auch im Gourmetrestaurant im Müllerhaus möglich. Die Veranstaltungen sowie das Gourmetrestaurant sind auch externen Gästen zugänglich.

Wellnesshotel Hubertus

D-87538 Balderschwang/Allgäu
Tel. 00 49/83 28/92 00
www.hotel-hubertus.de
info@hotel-hubertus.de

Preiskategorie €€
Übernachtung inklusive Vollpension (Frühstück, Mittagsbuffet mit Snacks, Salaten, Suppen und Kuchen sowie 5-Gang-Wahlmenü am Abend).
Die Einrichtungen des Hauses stehen nur den Hotelgästen zur Verfügung.

FRANKREICH

Hôtel Mont-Blanc

Place de l'Église
F-74120 Megève
Tel. 00 33/4 50/21 20 02
www.hotelmontblanc.com
contact@hotelmontblanc.com

Preiskategorie €€ – €€€
In der Wintervorsaison bis zum 30. November sind die Preise deutlich niedriger.

Hôtel-Restaurant Le Chabichou

Rue des Chenus – B. P. 21
F-73121 Courchevel 1850
Tel. 00 33/4 79/08 00 55
www.chabichou-courchevel.com
info@lechabichou.com

Preiskategorie €€€+
Das Restaurant steht nach vorheriger Reservierung auch externen Gästen offen. Ebenfalls öffentlich sind der Terrassenbetrieb an der Skipiste, wo es sich vorzüglich zu Mittag essen lässt, sowie die Hotelbar.

Le Fer à Cheval

36, route du Crêt d'Arbois
F-74120 Megève
Tel. 00 33/4 50/21 30 39
www.feracheval-megeve.com
info@feracheval-megeve.com

Preiskategorie €€€+
Übernachtung inklusive Halbpension. Neben dem Restaurant im Hauptgebäude gibt es im Seitentrakt noch das Restaurant L'Alpage mit traditioneller Savoyer Alpenküche. Beide Restaurants sowie die Bar stehen auch externen Gästen offen.

Les Fermes de Marie

Chemin de Riante Colline
F-74120 Megève
Tel. 00 33/4 50/93 03 10
www.fermesdemarie.com
contact@fermesdemarie.com

Preiskategorie €€€+
Bar und Restaurant stehen auch externen Gästen offen.

ITALIEN

Pension Briol

I-39040 Barbian-Dreikirchen/
Barbiano-Tre Chiese
Tel. 00 39/04 71/65 01 25
www.briol.it

Winteradresse der Besitzer
für Vorreservierung:
Heinrichstr. 31
I-39100 Bozen
Tel. 00 39/04 71/97 96 56

Preiskategorie €€
Übernachtung inklusive Halbpension und Salatbuffet am Mittag. Der Speisesaal steht nur den Hausgästen zur Verfügung. Die große Sonnenterrasse mit Restauration ist ein beliebtes Ziel für Tagesausflügler. Wichtig: Die Pension Briol hat nur während der Sommermonate von Mai bis Oktober geöffnet.

Pergola Residence

Kassianweg 40
I-39022 Algund/Meran
Tel. 00 39/04 73/20 14 35
www.pergola-residence.it
info@pergola-residence.it

Preiskategorie €€€
Für Langzeitmieter gibt es günstigere Raten. Alle Einrichtungen der Pergola Residence stehen ausschließlich den Hausgästen zur Verfügung.

Seiser Alm Urthaler

I-39040 Seiser Alm
Tel. 00 39/04 71/72 79 19
www.seiseralm.com
info@seiseralm.com

Preiskategorie €€
Übernachtung inklusive Halbpension, Kuchenbuffet und kostenfreiem Mineralwasser aus der Minibar. Sämtliche Hoteleinrichtungen stehen nur den Hausgästen zur Verfügung.

Vigilius Mountain Resort

Vigiljoch
I-39011 Lana
Tel. 00 39/04 73/55 66 00
www.vigilius.it
info@vigilius.it

Preiskategorie €€€+
Im Zimmerpreis ist die kostenlose Benutzung der Standseilbahn inbegriffen. Die beiden Restaurants des Hauses stehen tagsüber auch externen Gästen offen. Dinner im Restaurant 1500 ist für auswärtige Besucher nur gegen vorherige Reservierung und mit der damit verbundenen Extra-Fahrt der Seilbahn möglich.

Chalet-Hotel Almdorf Seinerzeit

Fellacheralm
A-9564 Patergassen
Tel. 00 43/42 75/72 01
www.almdorf.com
office@almdorf.com

Preiskategorie €€€
Günstiger ist der Aufenthalt von November bis Mitte Dezember, wenn offiziell Ruhepause herrscht und die Hütten nur an Selbstversorger vermietet werden. Das Restaurant steht nur den »Dorfbewohnern« zur Verfügung.

ÖSTERREICH

Almhof Schneider

A-6764 Lech am Arlberg
Tel. 00 43/55 83/3 50 00
www.almhof.at
info@almhof.at

Preiskategorie €€€+
Die Bar Klausur und das Hauben-Restaurant Stub'n stehen auch externen Gästen offen.

Hotel Garni Knappaboda

A-6764 Lech am Arlberg
Tel. 00 43/55 83/3 52 00
www.knappaboda.com
knappaboda.walch@lech.at

Preiskategorie €€
Übernachtung inklusive einer nachmittäglichen Skifahrer-Jause. Sämtliche Einrichtungen des Hauses stehen nur den Hausgästen zur Verfügung.

Hotel & Spa Haus Hirt

Kaiserhofstr. 14
A-5640 Bad Gastein
Tel. 00 43/64 34/2 79 70
www.haus-hirt.com
info@haus-hirt.com

Preiskategorie €€
Übernachtung inklusive Lunch-Buffet und Abendessen. Die Bar des Hauses steht auch externen Gästen offen.

Jagdschloss Kühtai

A-6183 Kühtai
Tel. 00 43/52 39/52 01
www.jagdschloss.at
info@jagdschloss.at

Preiskategorie €€€
Sämtliche Hoteleinrichtungen mit Ausnahme der Sonnenterrasse stehen nur den Hausgästen zur Verfügung.

Hotel & Spa Schwarzer Adler Kitzbühel

Florianigasse 15
A-6370 Kitzbühel
Tel. 00 43/53 56/69 11
www.adlerkitz.at
hotel@adlerkitz.at

Preiskategorie €€€
Übernachtung inklusive Halbpension. Die Bar und das Gourmet-Restaurant Neuwirt stehen auch externen Gästen offen.

Villa Verdin

A-9872 Millstatt am See
Tel. 00 43/47 66/3 74 74 66 oder
00 43/6 99/12 18 10 93
www.villaverdin.at
holiday@villaverdin.at

Preiskategorie €
Bar und Restaurant sind auch für externe Gäste geöffnet.

SCHWEIZ

Badrutt's Palace Hotel

Via Serlas 27
CH-7500 St. Moritz
Tel. 00 41/81/8 37 10 00
www.badruttspalace.com
reservation@badruttspalace.com

Preiskategorie €€€, Suiten €€€+
Sämtliche Bars sowie die Restaurants im Haupthaus und in der Chesa Veglia stehen auch externen Gästen offen.

Hotel Castell

CH-7524 Zuoz
Tel. 00 41/81/8 51 52 53
www.hotelcastell.ch
info@hotelcastell.ch

Preiskategorie €€
Abendliches Auswahlmenü gegen Aufpreis. Bar und Restaurants stehen auch externen Gästen offen.

Cube Savognin

Talstation Savognin Bergbahnen
CH-7460 Savognin
Tel. 00 41/81/6 59 14 14
www.cube-hotels.com
reservierung.savognin@cube-hotels.com

Preiskategorie €
Halbpension gegen geringen Aufpreis. In der gesamten Sommersaison ist das Bergbahnticket für die Region Savognin verpflichtend mitzubuchen.
Toll für Sportler: Zu einem geringen Preis können neun verschiedene Sportarten inklusive Einführung, Schutzausrüstung und beliebig häufigem Wechsel der Sportgeräte gebucht werden.
Bar, Restaurant und Nachtclub stehen auch externen Gästen offen.
In Österreich gibt es zwei weitere Cubes in Nassfeld und in Biberwier-Lermoos. Die Cube-Homepage informiert über alle drei Hotels.

Iglu-Dorf Scuol

Bügl-Grond 91
CH-7550 Scuol
Tel. 00 41/(0)81/8 62 22 11
www.iglu-dorf.com
info@iglu-dorf.com

Preiskategorie €€
Übernachtung inklusive des abendlichen Käsefondues. Weitere Iglu-Hotels desselben Anbieters befinden sich in Engelberg, Gstaad, Zermatt und auf der Zugspitze. Saisonzeit ist jeweils von Mitte Dezember bis Mitte April.
Externe Gäste können im Iglu-Hotel auch nur zu Mittag essen.

Hotel Misani

CH-7505 St. Moritz Celerina
Tel. 00 41/81/8 39 89 89
www.hotelmisani.ch
info@hotelmisani.ch

Preiskategorie €
Bar und Restaurant sind auch für externe Gäste geöffnet.

Jugendstil-Hotel Paxmontana

CH-6073 Flüeli-Ranft
Tel. 00 41/41/6 66 22 33
www.paxmontana.ch
info@paxmontana.ch

Preiskategorie €€
Restaurant und Terrasse stehen auch externen Gästen offen.

Riffelalp Resort 2222 m

CH-3920 Zermatt
Tel. 00 41/27/9 66 05 55
www.riffelalp.com
reservation@riffelalp.com

Preiskategorie €€€
Das Abendessen kann in einem der beiden Hotelrestaurants oder zehn weiteren zur Hotelgruppe gehörenden Restaurants in Zermatt eingenommen werden. Bei einer Buchung nur mit Frühstück wird ein Preisnachlass gewährt. Im Zimmerpreis sind die An- und Abreise von Zermatt zum Resort sowie die tägliche Benutzung des Nachtzugs ab Zermatt inbegriffen.
Bar und Restaurants stehen auch externen Gästen offen.
Das Riffelalp Resort ist von Mitte April bis Ende Juni und von Ende September bis Mitte Dezember geschlossen.

Therme Vals

CH-7132 Vals
Tel. 00 41/81/9 26 80 80
www.therme-vals.ch
hotel@therme-vals.ch

Preiskategorie €€
6-Gang-Halbpension gegen Aufpreis. Da die Therme auf 150 Besucher am Tag beschränkt ist, empfiehlt sich für auswärtige Besucher unbedingt die vorherige Reservierung via Internet. Bar und Restaurants stehen nur Hotelgästen offen.

SLOWENIEN

Hiša Franko

Staro selo 1
SL-5222 Kobarid
Tel. 003 86/5/3 89 41 20
www.hisafranko.com
info@hisafranko.com

Preiskategorie €
3-Gang-Halbpension gegen geringen Aufpreis. Das Restaurant steht auch externen Gästen offen.

Nebesa

Livek 39
SL-5222 Kobarid
Tel. 003 86/5/3 84 46 20
www.nebesa.si
info@nebesa.si

Preiskategorie €€ – €€€
Übernachtung inklusive Selbstbedienung aus dem Weinkeller.
Der Zimmerpreis richtet sich nach der Aufenthaltsdauer. Die Anlage steht nur Hotelgästen offen.

Vila Bled

Cesta svobode 26
SL-4260 Bled
Tel. 003 86/4/5 79 15 00
www.vila-bled.com
hotel@vila-bled.com

Preiskategorie €€€
Halbpension gegen geringen Aufpreis. Die Bar und das Pavillon-Café im Park stehen auch externen Gästen offen.

Danksagung

Unser Dank gilt den folgenden Personen und Unternehmen: Alexandra Heindl für die Postproduktion, Christel Sarry vom Maison de la France, Sandra Skrein für gleich zwei großartige Tipps, Urs Weber von Switzerland Tourism sowie Renate Moser und ihrer Fluggesellschaft InterSky. Ein ganz besonderes Dankeschön geht auch an Bettina, Paul und Hannes sowie an all die anderen Freunde und Familienmitglieder, für die wir aufgrund so vieler Reisen so wenig Zeit hatten.

Bibliografische Information Der Deutschen Bibliothek
Die Deutsche Bibliothek verzeichnet diese Publikation in der Deutschen Nationalbibliografie;
detaillierte bibliografische Daten sind im Internet über http://dnb.ddb.de abrufbar.

Deutsche Originalausgabe

Ein Unternehmen der La Martinière Groupe

Gestaltung und Satz: Anett Hentschel
Umschlag: Fabian Arnet
Lithografie: Repro Ludwig, Zell am See
Druck: Passavia, Passau
Printed in Germany

ISBN 978-3-89660-474-3

www.knesebeck-verlag.de